SCHERZI DI COPPIA

QUALSIASI COSA ACCADA

MONDADORI

Qualsiasi cosa accada

IL PRIMO APPUNTAMENTO

ANNO 2000

PROLOGO

"Katia ha il culo più bello di tutta Milano."

Era impossibile non notarla quando passeggiava nei corridoi della scuola; ed era altrettanto impossibile avvicinarla perché era sempre circondata da amiche o possibili spasimanti.

Quel giorno però era diversa, aveva avuto una delle notizie più brutte della sua vita: i suoi genitori avevano intenzione di divorziare e quella storia non le andava giù. Se ne stava in disparte contemplando il nulla.

"È bellissima e non mi considererà mai."

Anche se si vestiva quasi sempre di nero, spiccava come se fosse sempre sotto i riflettori: erano proprio questi dettagli a renderla unica e meravigliosa.

L'aria d'estate si faceva sempre più intensa e il giardino della scuola profumava di margherite. L'intervallo era suonato da un pezzo e tutti i ragazzi erano nel cortile a giocare a calcio, urlando come scimmie o parlando dell'ultima boy band, che pro-

babilmente sarebbe finita nel dimenticatoio nei successivi cinque mesi.
«Non vedo Katia, sai dov'è?»
«Credo sia in classe, è allergica al polline!»
Nange, la migliore amica e compagna di classe di Katia – snella con tratti asiatici e lo sguardo da furba – era una delle ragazze più popolari della scuola, e notò immediatamente la smorfia strana sul volto di Luca.
«Cosa c'è?»
«Niente Nange, volevo solo chiederle una cosa.»
«Va bene, me ne dai un pezzo?»
Nange ignorò la risposta e prese a fissare il fantastico panino al prosciutto che Luca aveva appena iniziato a mangiare.
«Lo vuoi tutto?»
«Ok, grazie, andiamo.»
Con fare vorace Nange prese il panino voltandosi di spalle.
«Andiamo dove?»
«Da Katia!» esclamò lei, ormai già in classe.

Senza farsi notare, Luca buttò la rosa colta di nascosto dal giardino confinante con quello della scuola (per fortuna Nange aveva fatto in tempo a dirgli dell'allergia di Katia).
A differenza dei suoi compagni, Luca aveva ancora la voce da bambino e pochissimo gusto nel vesti-

re: indossava dei jeans neri larghissimi a cavallo basso, una felpa con un teschio sopra, delle scarpe nere quasi completamente ricoperte dai pantaloni. Non aveva ancora capito come pettinarsi in modo stiloso, era basso, con i capelli a scodella e non aveva idea di come si facesse a parlare con una ragazza.

«Ciao Katy, c'è un ragazzo che vuole parlarti.»

«Ciao Nange, ciao Luca, come state? Io sto malissimo, stupido polline!»

«Ciao, io vado» Nange si voltò e, con il suo fare da diva, uscì dalla classe.

«Come stai Katy?» chiese Luca intimidito.

«Male, ogni anno in questo periodo il polline mi uccide. Sto malissimo, non posso uscire in giardino e mi cola il naso come se fosse un rubinetto che perde!»

«Cavolo, mi dispiace.»

«Non preoccuparti, se prendessi gli antistaminici mi passerebbe.»

«Brava, prendi le medicine.»

«No, ho detto SE le prendessi! Non le prendo perché mi provocano sonnolenza e di solito ci pensa già la professoressa di tecnica.»

«È vero, scusa» Luca si guardò intorno nervoso, «volevo chiederti una cosa».

«Certo, dimmi pure!»

«Ah sì sì, scusa, hai ragione.»

«Ragione di che? Tutto bene, Luca?»

«Volevo sapere se una sera di queste... ti piacerebbe uscire insieme?»

«Non lo so, cosa pensavi di fare?»

«Potremmo andare al cinema.»

«Figo, figo! Andiamo a vedere *American Pie*!»

«Ok, ci sto! Io prendo i popcorn Jumbo! Luca ci vediamo questa sera alle otto e mezza davanti al cinema Capitol, va bene Katia?» esclamò Nange alle spalle di Luca.

«Ha fatto tutto lei! La diva! Per me va benissimo, a dopo Luca.»

Katia e la sua amica si alzarono e uscirono dalla classe e Luca rimase solo: «Devo bere dell'acqua, non riesco a credere di averlo fatto veramente».

DRIIIIINNNNN!

Il suono della fine dell'intervallo lo riportò alla realtà. Non era mai uscito con una ragazza e quella possibilità, che si era coraggiosamente guadagnato, voleva sfruttarla al massimo. Obiettivo principale della giornata divenne quello di recuperare i soldi per offrire l'ingresso del cinema a Katia e, per forza di cose, anche all'amica che si era auto-invitata.

Durante la lezione, Luca era perso nel suo mondo.

«Lattanzio interrogato.»

«Ma come prof! Proprio oggi?»

«Perché? Avresti intenzione di studiare – forse per la prima volta nella tua vita – proprio questo pomeriggio?»

«Assolutamente sì! Pensi che in questi giorni sono anche influenzato ma vengo a scuola comunque, per favore abbia po' di clemenza.»

La professoressa sospirò e annuì leggermente.

«Va bene Luca. Domani però ti interrogo e non voglio sentire scuse, va bene?»

«Perfetto! Mi metterò sotto: non posso prendere un altro due!»

Luca sapeva già che quel pomeriggio e quella sera avrebbe avuto altro a cui pensare ma, in fondo, era appena riuscito ad assicurarsi altre ore senza preoccupazioni.

A fine lezione l'unico ad essere rimasto in classe era Luca, ancora perso nei suoi pensieri, quando da dietro la porta spuntò Doc, il suo migliore amico, molto più alto della media, vestito con dei pantaloncini a tre quarti scoloriti e una maglietta con scritto Durex comprata in chissà quale fiera del fumetto.

«Oh, vogliamo andare a casa!?» esclamò Doc facendolo spaventare.

«Ah sì... cosa?»

«Ti svegli? Andiamo a casa che oggi danno la prima puntata della nuova stagione di DragonBall.»

«Sì, scusa, andiamo... stavo pensando alla Brivio.»
«Abbiamo visto tutti quanti che le hai portato una rosa da sfigato» disse Davide centrando in pieno il bersaglio e Luca arrossì.
«Ma comeee mi avete visto tutti?» Luca si girò verso di lui sgranando gli occhi.
«Eh sì! Stavamo giocando e ci siamo fermati tutti quanti a gustarci la scena, compresa Nange... ma tu sei così preso dai tuoi viaggi mentali che non ti accorgi del mondo che ti sta attorno.»
Luca si alzò dalla sedia prendendo lo zaino che il suo amico gli aveva riempito alla rinfusa e insieme uscirono dalla classe.
«Credi che mi stia prendendo per il culo?»
«Non ne ho la minima idea... Intanto uno sfigato come te sta per uscire con la più figa della scuola, dovrebbe essere già una vittoria, non credi?»
«Vuoi venire anche tu?»
«No, io me ne tiro fuori!»
«Quindi sarò abbandonato a me stesso in mezzo a due pazze? Grazie mille, bell'amico.»
«Eh sì, poi domani mi racconterai! Mi raccomando baciala e palpala!»

Intanto, a un chilometro di distanza, in una villetta situata nella zona residenziale del paese, poco distante dal parchetto comunale, un telefono stava squillando da diversi minuti quando una signora sulla sessantina, leggermente in carne, si avvicinò con passo lungo per rispondere: «Pronto?».

«Salve Edda sono Nange, come sta? C'è Katia?»

«Ciao Nange, tutto bene grazie, te la passo subito, era in bagno.»

«Nonna chi è? È per me?»

«Sì, è Nange.»

«Pronto! Ciao Nange.»

«Ciao Katy, come stai? Mi mancavi!»

«Ma se ci siamo salutate dieci minuti fa?»

«Senti ma quindi stasera andiamo al cinema con quello sfigato?»

«Mi sembra così tenero!»

«Infatti lo è, Katy, uno così non riuscirà mai a tenerti testa, tu hai bisogno di un pazzo come te, non di uno che sta sempre attaccato ai videogame.»

«Lo so, ma ha un qualcosa che mi incuriosisce e poi in ogni caso questa sera scopriremo che tipo di persona è!»

Finita la chiamata, Katia sfilò un pacchetto di sigarette dallo zaino: da quando aveva scoperto che i suoi avrebbero divorziato si era comprata un pacchetto di sigarette dal quale ne erano già sparite tre. Corse in mansarda, aprì la finestra e tirò una profonda boccata, così forte che tossì e iniziò a girarle la testa. Quell'unico tiro le bastò, tanto che spense la sigaretta e iniziò a prepararsi.

Il cinema Capitol non era distante, così Luca ne approfittò per farsi lasciare nelle vicinanze, evitando di farsi vedere in macchina con il padre.

Stava attraversando la strada quando due motorini gli sfrecciarono davanti, quasi investendolo sulle strisce pedonali, Non essendo mai stato tipo da rissa li ignorò per proseguire sulla sua strada, continuando però a fissarli mentre ormai si erano parcheggiati di fronte al cinema. Dai motorini scesero due ragazze con il casco e Luca rimase colpito dal sedere di una delle due pensando che fosse la cosa più perfetta che avesse mai visto. Le ragazze si tolsero il casco e Luca riconobbe immediatamente Katia e Nange, che si erano fatte accompagnare da due ragazzi muscolosissimi con dei motorini molto fighi.

Katia si girò verso di lui gli sorrise andandogli incontro: «Ciao Luca, scusali... sono due cretini» disse dandogli tre baci sulle guance per salutarlo.

«No, figurati... nessun problema, ma chi sono?»

«Solo degli amici scemi che uso per farmi dare passaggi in giro.»

Quando tutti insieme arrivarono davanti alla biglietteria, Luca prese tre biglietti per poi porgerne due alle ragazze.

«Ma che uomo galante» esclamò Katia.

«Grazie Luca, ci sai fare con le donne... peccato non ti sappia vestire!» Nange si mise a ridere così fragorosamente della sua stessa battuta, che per poco non finì per strozzarsi.

«Scusala, è tutta matta! Certe cose non si dicono Nange, non fare l'antipatica.»

«Ok la pianto, ma non si può venire al cinema con la tuta!»

«Non darle ascolto, ti sta bene» Katia mentì spudoratamente cercando di superare l'imbarazzo che si era creato.

Luca era vestito con una tuta molto larga, una maglietta bianca lunghissima e una bandana nera sulla testa, esattamente come uno spacciatore nei ghetti più malfamati di Los Angeles.

«Ci vogliamo muovere che sta per iniziare lo spettacolo?»

Durante il breve tragitto verso i loro posti, Katia e Nange salutarono tantissime persone: amiche, compagne, ex fidanzati... mentre Luca cercava di non farsi notare. Le luci si spensero, Katia e Luca si sedettero nella fila davanti a Nange, che rimase dietro di loro, vicina a un suo ex, ma durante i venti minuti di pubblicità le due amiche non smisero un secondo di parlare.

Le luci del cinema si spensero completamente, per lasciare spazio al film, e Luca e Katy rimasero immobili sulle loro poltrone senza quasi respirare.

Katy, molto più disinvolta di Luca, si sentiva comunque molto tesa, poiché ricevere un invito al cinema poteva significare solo una cosa: limonare duro!

Il film *American Pie*, inoltre, non agevolò il romanticismo (nella prima scena si vede un ragazzo a letto che infilatosi una calza sul pene prima di accingersi a guardare un porno in videocassetta viene interrotto dalla madre): dopo cinque minuti l'imbarazzo tra Luca e Katy era già alle stelle.

Katy aspettava la prima mossa di Luca, immaginando che presto l'avrebbe abbracciata con una scusa, magari con il classico finto sbadiglio, che l'avrebbe accarezzata sulla guancia con fare dolce e seducente, per poi baciarla appassionatamente.

Luca invece pensava solo a una cosa: bere la sua Coca, semplicemente terrorizzato dall'idea di come fare la prima mossa. Per lui, quello sarebbe stato il primo bacio, quindi non sapeva davvero come e cosa fare e sperava fosse lei a fare il primo passo.

Il film proseguì con battute sempre più imbarazzanti che lasciarono Luca pietrificato sulla sua poltrona mentre Nange, tra una scena e l'altra gli tirava calcioni allo schienale, cercando di smuovere la situazione.

Alla fine del film Nange tirò via i piedi dallo schienale di Luca – dando un ultimo strattone – per poi sporgersi verso i due sedili davanti iniziando a urlare: «Bello il film! Divertente, no?»

«Sì sì, molto bello, sembrava più un porno ma divertente, dai.»

«Katy, non fare la menosa, è una commedia del cazzo, prendila per quello che è; Luca hai perso la lingua?»

Nel sentire quel doppio senso, Luca diventò paonazzo e pensò: "Quando ci si mette Nange è proprio una stronza".

Luca tirò fuori il poco coraggio che aveva per rispondere: «Sì, bello».

«Nange credo sia ora di andare... forse c'è già mio padre che ci sta aspettando fuori.»

«Ah, ti è venuto a prendere tuo padre, non i ragazzi di prima?»

«No, quegli sfigati lasciamoli nel loro brodo!»

«Io ho riso tantissimo.»

«Sì, ti abbiamo sentita.» Luca guardò in malo modo Nange con la speranza di farle capire che aveva rotto le palle per tutta la durata del film.

«Dai, Nange, andiamo!»

«Ok andiamo. Bella raga, ci si vede domani a scuola.»

«Ciao Luca.» Katia gli si avvicinò dolcemente per dargli un bacio sulla guancia.

«Ciao Katy.»

Luca provò a riprendersi dallo stato catatonico nel quale era caduto, sentendosi uno sfigato per l'occasione che si era appena lasciato sfuggire. Inoltre, troppo preso a sconfiggere la sua timidezza si era rifiutato di chiedere un passaggio verso casa, perciò depresso e perso nei suoi pensieri iniziò a incamminarsi nella notte.

Il giorno dopo, a scuola, Luca era molto pensieroso, aveva avuto la possibilità di baciare Katia, la più bella della scuola, e se l'era lasciata sfuggire...

Quando Doc si accorse del suo strano comportamento, disse: «Si può sapere che hai?».

«Non sono riuscito a baciarla, ti giuro ci ho provato, ma non riuscivo proprio a muovermi.»

«Sei proprio uno sfigato.»

«Dai Doc, non dire così che già sto male per i cazzi miei.»

«Se sei sfigato non ci posso fare niente, il treno non passa mai due volte.»

«Lo so, cosa faccio?»

«Che ne so io, scrivile qualcosa.»

Luca tornò al suo silenzio e, pensieroso sul da farsi, strappò un foglio dal quaderno, ne ritagliò un rettangolo e iniziò a scrivere. Con il cuore in gola, subito dopo i rintocchi frenetici della campanella che segna l'inizio dell'intervallo, uscì fuori dall'aula – questa volta evitando di passare dal cortile in modo da non farsi vedere dagli altri – ed entrò nella classe di Katia. Trovandola vuota, si guardò attorno, scorgendo lo zaino di lei negli ultimi banchi. Lo aprì.

«Oltre che sfigato sei anche un ladro?» Nange entrò in classe con in mano un panino gigante e lo guardò con fare sospetto.

«No, in realtà io volevo solo...»

«Sbirciare le cose della mia amica, di' la verità!»

«No, scusami, le ho lasciato un bigliettino.»

Dall'ingresso sul giardino entrò Katia che guardò la sua amica che le stava facendo l'occhiolino.

«Niente, scusate devo andare» disse Luca imbarazzato.

Nange gli si era messa davanti, in modo da non farlo passare, ma dopo alcuni secondi interminabili si spostò lasciandolo uscire dalla stanza. Con il cuore in gola, Luca si mise a correre verso la sua sezione per poi sedersi velocemente al suo posto, poi arrivò Doc: «Tieni, questo me lo ha dato Nange, mi ha detto di consegnartelo». Era un bigliettino accartocciato.

Luca teneva il bigliettino stretto tra le mani completamente sudate – tanto che la carta si era inumidita leggermente –, gli mancava il fiato e il caldo che un attimo prima era accettabile, ora stava diventando insopportabile. Decise quindi di aprirlo proprio mentre Doc stava rientrando nell'aula.

«Cosa c'è scritto?»

«Nulla, cazzate.»

«Dai, ora andiamo fuori a giocare a calcio?»

«Ok Doc, andiamo.»

Luca e Doc uscirono dalla classe usando la porta a vetri che dava sul giardino della scuola; il bigliettino rimase piegato sul banco finché una leggera folata di vento lo aprì.

2000 - 2017
#SCHERZIDICOPPIA

12 anni dopo

Ore 22.23

CAPITOLO 1

Luca e i suoi amici sono al pub Shiver di Rho, un piccolo locale all'interno di una cascina ristrutturata. Le luci viola e blu colorano le sale creando una bella atmosfera e l'ambiente si riempie delle note della canzone di Rihanna *We found love*.

Mazzo di Rho è un piccolo paese alla periferia di Milano e la vita notturna lascia davvero a desiderare. Luca e i suoi amici sono seduti a un tavolo all'esterno del locale, perché dentro il caldo è insopportabile: ridono, scherzano facendo discorsi senza alcun senso su cosa sia meglio bere. Le luci nello spiazzo della grande corte sono delicate e soffuse, il vociare delle persone e la musica riecheggiano tutt'intorno. Quella sera Luca ha scelto di indossare dei jeans lunghi neri a sigaretta, una T-shirt dello stesso colore e un bel giubbotto di pelle in tinta. Dopo anni di atroce caldo ed estati piene di afa, finalmente a Milano c'è un'aria tiepida di giorno e una dolce brezza durante la notte, quella che ti permette di dormire serenamente. Per via del leggero venticello che soffia all'interno del cascinale, Luca ha i capelli elettrici: da ormai dieci anni è riuscito a dare una forma nuova alla scodella che aveva in testa, per trasformarsi in una "rock star" a suo dire, adottando una cresta nero corvino.

«I cocktail sono da sfigati snob.» Doc inizia a giudicarli per ciò che bevono.

«Ma cosa dici Doc? L'effetto è migliore e non stai male il giorno dopo! Poi hai idea della birra che devi ingurgitare per essere leggermente ubriaco, se ti bevi la Super Tennet's o la Slalom che sono fatte con la merda allora sei subito ubriaco, peccato che poi sbocchi l'anima!»

«Tranquillo sto bevendo doppio malto.»

«Io sto ancora aspettando il mio Sbagliato, mi sa che devo andarmelo a prendere da solo.»

«Intanto che ci sei, ci prendi altre tre birre?» Doc si rivolge agli altri due seduti al tavolo, Daniele e Claudio, amici di vecchia data.

«Va bene» esclama Luca con fare rassegnato. «Offro io, che oggi mi è arrivato lo stipendio.»

«Luca offre a tutti, Luca offre a tutti!» esclama Doc urlando, reazione dovuta con tutta probabilità alla birra doppio malto che stringe in mano.

Luca si alza e si dirige verso il bancone, quando vede il barista porgergli uno Sbagliato. Non ha nemmeno il tempo di portare il cocktail alla bocca, che si sente toccare sulla spalla, mentre una voce femminile lo rimprovera: «Scusa, stai bevendo dal mio bicchiere».

Luca si gira con un'espressione da duro, ma non appena vede che le parole provengono da una stupenda ragazza sfodera il suo miglior sorriso. Erano anni che non vedeva una persona così bella e sicura di sé, alta più o meno come lui, occhi grandi marroni sfumati con una matita nera e due puntini sotto agli occhi che le rendono lo sguardo ancora più penetrante. Bocca a cuoricino colorata di un rossetto rosso scuro e capelli castani con le punte sfumate di rosa.

Luca le fa quasi una radiografia, lei se ne accorge senza darlo a vedere.

«In realtà è il mio Sbagliato, saranno dieci minuti che lo aspetto, ma se per te non è un problema posso offrirtene uno.»

«Mi rubi il cocktail e ti metti anche a fare il provolone?»

«Forse c'è stato un malinteso, io l'ho ordinato più di dieci minuti fa, a rigor di logica questo dovrebbe essere il mio.»

«Sarà come dici tu, però accetto volentieri il tuo Sbagliato.»

La ragazza allunga le mani verso Luca sfilandogli il bicchiere da sotto il naso, avvicina la cannuccia alla bocca finendo il drink in tre sorsate.

«Ecco lo Sbagliato per la signorina, sono sette

euro» fa il barista appoggiando un bicchiere sul bancone. Luca lo allunga gentilmente alla ragazza, lo paga e ne ordina un altro.

«A giudicare dalla quantità di alcol rimasta nel bicchiere, deduco che avessi sete. Alla fine avevo ragione io: quello non era il tuo cocktail.»

«Sapevo che non era il mio.»

«Quindi, vuoi dirmi che hai fatto tutta quella sceneggiata solo per conoscermi?» sorride Luca.

«Non essere banale, ti sembro il tipo di ragazza che si mette a adescare gli uomini con stupide scuse? Presuntuoso!» Anche lei sorride.

Inaspettatamente, dalla porta del bagno spunta una ragazza ubriaca, urlando e ballando, e si avvicina a loro con le braccia aperte, stringendo con la sinistra un rotolo di carta igienica e con la destra il giubbotto della sua amica, ancora più sbronza di lei.

«Brava Katy, hai cuccato un figone!»

«Non fare la scema, mi stava rubando da bere, altro che figone.»

«Non è vero e in più te ne ho offerto un altro, ergo abbiamo risolto! Ciao, vi lascio trascorrere in pace la vostra bella serata.»

«Scusa dove credi di andare? Ora tocca a me offrire a te, ti pare che non ricambio?» Quindi, rivolta al barman: «Scusa mi porti tre chupiti rum e pera?».

Il livello alcolico sta iniziando a salire e Luca inizia a gridare con le ragazze, ballando in un vortice infinito di emozioni, quando un fortissimo strattone lo fa quasi ribaltare facendo cadere il bicchiere con ciò che resta dello Sbagliato.

«Che cosa fai, coglione?» urla Luca in faccia al tizio che lo ha spinto.

«Che cosa fai tu, quella è la mia ragazza!»

«In realtà sono la tua ex!»

La ragazza dello Sbagliato dà uno spintone violento a quello che, a quanto pare, sembra essere il suo ex. Un tipo alto e muscoloso, largo quasi il doppio di Luca e con un'espressione non troppo sveglia: il classico tamarro di provincia.

Senza preavviso, Luca fa partire un pugno dritto sul naso del ragazzo che per il colpo fa due passi indietro e comincia a sanguinare. Ma è un pugile professionista, e riprendendosi scrocchia il collo e a gran voce inizia a urlare: «Hai appena firmato la tua condanna a morte!».

In meno di un secondo fa partire un destro allo zigomo di Luca che lo rimbambisce più dell'alcol. Luca, però, regge il colpo, e sferra un pugno dritto nello stomaco del ragazzo che lo sente fino alle viscere. La gente nel bar, un po' sbigottita per quello che sta accadendo, non gli scolla gli occhi da dosso. Senza esitare uno dei due baristi scavalca il bancone e si mette in mezzo bloccando la rissa.

«Avete rotto i coglioni, fuori dal mio locale!»

«'Sto coglione ci ha provato con la mia ragazza!»

«Non sono più la tua ragazza!» grida lei irritata, tirando Luca per la maglietta cercando di farlo uscire.

«Corri, andiamo via, ci pensa Nange a fermare quel pazzo! Quello fa pugilato, ti farà a pezzi.»

Luca non riesce a dire niente, è successo tutto così velocemente da non dargli il tempo da razionalizzare. I suoi amici lo vedono andare via, provano a chiamarlo ma senza nessun esito. Luca e la ragazza che lo ha messo nei casini corrono verso l'uscita della cascina, superano il cancello di metallo, ma improvvisamente lei si ferma vicino a una serie di moto parcheggiate.

«Luca aspetta un attimo, devo fare una cosa.»

«Cosa fai? Andiamo, la mia macchina è proprio qua sotto.»

La ragazza prende una lunga rincorsa e con tutta la forza che ha nel corpo tira un calcio ben assestato a una moto – parcheggiata vicino al cancello della cascina, che cade a terra mentre Luca prova vanamente a fermarla.

«Ti devi fottereee, coglioneee!» urla lei con tutta la voce che ha in corpo.

«Inizi a farmi paura.»

Corrono verso la macchina di Luca. La ragazza sembra divertita, erano anni infatti che non vedeva l'ora di vendicarsi e quel ragazzo appena conosciuto le ha dato una carica mai avuta. «Brutti stronzi, vi conviene scappare e non farvi più vedere da queste parti!»

In lontananza si sentono le urla dell'ex ragazzo che ha appena visto la sua moto buttata a terra. Luca, con fare sicuro di sé ma allo stesso tempo agitato dall'adrenalina dello scontro, si rivolge verso la ragazza appoggiata alla macchina con un fare da furba.

«Ma ti stai divertendo?»

«Tutto sommato stiamo passando una serata diversa, non trovi?» sorride allegra.

«Sei una vipera, saresti in grado di mandarmi in galera senza pensarci su due volte... di' la verità!»

«Hai capito in pieno il mio carattere, meglio stare attenti!» Lei lo guarda con aria di sfida attirando la sua attenzione.

«Quindi ti chiami Katy e la tua amica che è rimasta a calmare il lottatore impazzito, si chiama...?»

«Sei interessato a lei? Forse hai sbagliato a caricarmi in macchina? Se è così, meglio che mi riporti immediatamente dove eravamo prima.»

«Ma no, sono solo curioso, visto che sta rischiando la sua vita per noi due volevo solo sapere il suo nome, sinceramente tu mi sembri molto più interessante.»

Katia arrossisce leggermente, sfila il suo iPhone dalla borsa mettendosi a scrivere un messaggio su WhatsApp:

Nange

Ciao Nange :)

Grazie mille per il favore

Grazie al cazzo

C'è il tuo ex che pensa che siete stati voi a buttargli a terra la moto

È impazzito, non siete stati voi, vero?

Sì, sono stata io

Sto andando a Milano con lui, mi ha praticamente rapita

Va bene ma fammi un favore

Se è un pazzo maniaco manda un messaggio con su la tua posizione

Ovvio appena arriviamo ti invio tutto ;)

Luca allunga la mano verso il pulsante di accensione dello stereo, lo schiaccia e dall'impianto della macchina inizia a risuonare *Adam's Song*, dei Blink 182. Katy sembra trovarsi a suo agio tanto da togliersi con disinvoltura le scarpe. Luca si gira verso di lei, sorride in modo malizioso e con la coda dell'occhio nota un po' d'imbarazzo nei suoi occhi, Katia diventa leggermente rossa sulle guance ma il suo sguardo, rivolto fuori dal finestrino, lascia trasparire ben poco.

«Spiegami come una ragazza così bella e intelligente è finita a stare con un ignorante come quello...»

«Colpa delle compagnie sbagliate che frequentavo, gente sbagliata, posti sbagliati e ragazzi sbagliati.»

«Sei tu che decidi della tua vita, significa che sotto sotto ti piace.»

«Senti signor psicologo, ero solo depressa, lo sono stata per anni e forse lo sono ancora, ma ciò non significa che mi piace soffrire o prendere scelte sbagliate.»

«Non ti agitare, principessa» la prende in giro lui. Katia se ne accorge e fa una smorfia.

«E chi si agita? Ma dove stiamo andando?»

«Ti va se andiamo da qualche parte a divertirci, cosa ne pensi del Luna Park dell'Idroscalo?»

«Luna Park, Luna Park, Luna Park!» Katia si esalta

come una bambina, batte le mani urlando a squarciagola. Luca a un tratto, colto da un'illuminazione, diventa pensieroso per qualche secondo per poi riuscire a collegare tutto quanto, si agita leggermente senza darlo a vedere, ma i suoi pensieri iniziano a vagare nel vuoto per qualche secondo, una vibrazione fredda gli parte dal fondo della schiena per arrivare al collo facendogli venire la pelle d'oca.

«Attentooo!» Katia urla spaventata, per via di un camion che ha appena inchiodato davanti a loro. Per fortuna non stavano andando veloci e l'intervento di Katia riesce a riportare Luca alla realtà.

«Guarda che se non ce la fai e sei ubriaco, guido io.» Katia lo guarda stranita.

«Ma lo sai che io e te stavamo per fidanzarci alle medie, solo che dopo che siamo andati al cinema mi hai detto che non volevi metterti con me?»

«Oddio tu sei Luca, il ragazzino sfigato con i capelli a scodella che mi faceva tanta tenerezza... sei cambiato di brutto, sei diventato più carino, complimenti!»

«Grazie, merito del rugby. Hai idea di quanto ci sia stato male per il tuo rifiuto e quanti anni abbia dovuto investire per rinforzare il mio ego distrutto dal tuo NO?»

«Non ti sembra di esagerare un po'?»

«No, davvero, ero un ragazzo insicuro e timido,

mi ci volle un secolo per riuscire a rivolgerti la parola e invitarti a uscire.»

«Scusa ma ero una ragazza senza cuore.» Katia sbuffa guardando dritto lungo la strada.

«Non che adesso tu sia cambiata...»

«Tu invece sei diventato più stronzo, non potevi rimanere piccolo e sfigato?»

«Cosa vuoi dirmi che ora sono un figo?»

«E rieccolo che parte a fare il provolone.» Katia inizia a ridere di gusto.

«In ogni caso mi hai ferito, ci sono rimasto sotto per mesi e tu mi ignoravi, dovrei lasciarti qua in mezzo alla strada, anzi facciamo una cosa, mi fermo all'Autogrill.»

«Non fare lo scemo, se lo fai giuro che scendo dalla macchina e ci si rivede tra altri dodici anni.»

«Principessa, ho solo fame, tu no?»

Entrati in Autogrill, Luca ordina alla cassa e poi va in bagno ritornando dopo qualche minuto.

«Fatta?»

«Sì! E mi sono sporcato un po' la mano di pipì, il lavandino non andava e...» Luca inizia a passare la sua mano sulla faccia di Katia mandandola su tutte le furie.

«Ma che fai? Riesci a renderti conto di quanto tu sia idiota?»

«Guarda che non era pipì.» Luca ride divertito.

«Genius, lo so che non era pipì, ti avrei già ucciso, mi hai solo struccata con la tua mano bagnata, cretino. Dai, passami il mio panino!»

«Ecco qua» Luca le passa il panino, ma quando lei lo sta per agguantare lo sposta facendole mancare la presa. Alla terza volta Katia si stufa e, bloccando il braccio di Luca, si prende il panino e gli dà un grosso morso raccogliendo poi con il dito il filo di mozzarella che ne fuoriesce.

«Se fai così mi eccito» Luca prova a fare la sua miglior faccia da latin lover. Katia prende altra mozzarella filante e la appiccica divertita sulla fronte del ragazzo; la barista si mette a ridere di gusto.

«Hai sbagliato di brutto, sono un tipo vendicativo e quando meno te lo aspetterai la mia vendetta ti colpirà.» Luca si leva la mozzarella dalla faccia e con un movimento velocissimo stringe nel suo pugno una ciocca dei capelli di Katia.

«Sei uno stronzo!» Il tono della voce di Katia risuona nell'Autogrill, attirando l'attenzione di tutti.

«Shhh! Che ti urli? Te l'ho detto che sono un tipo vendicativo.»

«Ma non nei capelli, che cazzo!»

«Diciamo che questa è la vendetta per avermi rifiutato dodici anni fa, manca ancora quella del formaggio in fronte.» Luca dà un morso al suo panino, beve un sorso di Coca e inizia a ridere da solo, tanto da rischiare di farsi andare tutto di traverso.

«Cosa c'è da ridere? Vedi, sei stato punito dal karma.»

«Sei ancora sporca.» Luca continua a ridere. Katia, leggermente infastidita, va in bagno, prende l'iPhone, si scatta un selfie e lo invia a Nange.

Nange

Porcellina!

Lo hai già distrutto il ragazzo?

Quella cosa nei capelli non se ne andrà mai via

Non fare la scema Nange

È solo formaggio

Scusa mi ero già presa bene

Fai la brava

Anche tu

«Finalmente! Dai, andiamo.» Luca sbuffa, apre la porta facendo segno a Katia di passare per prima, salgono in macchina e imboccano nuovamente la tangenziale Ovest.

Alla radio stanno dando il pezzo della Bloodhound Gang *The bad touch* e Luca inizia a cantare.

«Come sei stonato, mamma mia!» Katia mette le mani sulle orecchie per proteggersele.

«Ecco brava tappati le orecchie visto che devo cantareee!»

«*You and me baby ain't nothin'but mammals...*»

«Ti prego basta, questa è una tortura! Ti preferivo dolce, tenero e timido, almeno non rompevi i timpani a nessuno.»

«Simpaticona, ti ricordo che TU mi hai abbandonato al cinema, non mi hai dato nemmeno un passaggio a casa...» Luca incurva le labbra verso il basso imitando una faccia imbronciata.

«E quella che cosa sarebbe?»

«Quella cosa?»

«Quella faccia da finto offeso? Mi fa ridere.» Katia scoppia a ridere sbracciandosi e rovescia il bicchiere di Coca-Cola che si era portata in macchina. Un'onda di liquido appiccicaticcio marrone si riversa su quasi tutto il sedile del passeggero.

«Opss...» Katia tira fuori dalla borsa dei fazzolettini di carta iniziando a tamponare il sedile per limitare i danni.

«Opss cosa?»
«Ho fatto un danno Lu, ho rovesciato la Coca-Cola.» Katia si ferma, incurva le labbra verso il basso esattamente come aveva fatto Luca qualche minuto prima guardandolo con la faccia triste.
«Scusaaa! Scusa anche per averti abbandonato dodici anni fa dicendoti di no...»
«Smettila di fare la faccia da cerbiatta, non mi fai tenerezza.»
Katia rimane in silenzio, e sempre con l'espressione da cerbiatta si avvicina a Luca.
«Ti ho detto che non mi fai tenerezza.»
«Che tenero, quindi mi amavi?»

WHAT DOESN'T KILL YOU MAKES YOU STRONGER

ANCORA INSIEME

ZUCCHERO FILATO

ORE 23.40

Capitolo 2

L'auto sfreccia sulla tangenziale Ovest, imbocca l'uscita per San Giuliano Milanese per poi proseguire lungo la tangenziale Est fino all'uscita per l'Idroscalo. Katia, infastidita dalla continua musica rock, cambia stazione radio mettendo M2o, dove trasmettono la sua musica preferita. Luca non sembra infastidito dalla techno che inizia a riempire la macchina di bpm inferociti.

«Lu, che musica ascolti di solito?»

«Ascolto quasi tutto, dalla classica al rock, anche la techno non è male, però preferisco più roba da club milanese, come il Detroit, presente?»

«Certo sono andata anche io a quelle serate, dj che spaccano.»

«Ma non mi dire, io ci lavoro ogni venerdì, realizzo il loro after movie, di sicuro ne avrai visto uno su YouTube.»

«Assurdo, ci sono andata a ballare qualche volta, bel locale e belle serate, quindi magari ci siamo anche visti e non ci siamo calcolati.»

«Può essere... anche perché passo spesso dalla pista per riprendere le ragazze da inserire nei video... ma raccontami di te, che fai, cosa studi o che ragazzi hai avuto invece di stare con me.»

«Sicuramente ho notato che in questi anni sei diventato più scorbutico... dov'è finito il ragazzo timido con i capelli a caschetto?»

«Sono successe parecchie cose dall'ultima volta che ci siamo visti: ho cambiato parecchie scuole perché ho sempre adorato la tecnologia e il mondo di internet e nessun professore ne sapeva niente. Ho preferito buttarmi su quello che mi piaceva davvero.»

«Cioè stalkerizzare le ragazze nei locali?» Katia ride.

«No, faccio il videomaker. Ho iniziato a fare video così per gioco con dei miei amici, caricando i nostri esperimenti su MySpace, dove abbiamo avuto un discreto successo. Siamo stati dei precursori, in Italia non c'era nessuno che faceva cose del genere, ci chiamavamo The Dopes, poi ho fatto mille lavori.»

«E ora che cosa fai di bello?»

«Ora lavoro per un'agenzia di comunicazione dove studiamo i nuovi trend e le nuove tendenze per poi trasformarli in product placement. Un lavoro decisamente creativo che mi si addice molto di più rispetto a quello che facevo prima.»

«Cosa facevi prima?»

«Ho fatto un'infinità di lavori, vediamo se me li ricordo: magazziniere, idraulico, centralinista, commesso, venditore di vini via telefono e aiuto regista di film porno...»

«Cosa hai fatto? I porno?» Katia allarga la bocca sgranando gli occhi in un'espressione stupita.

«Ma noo, aiutavo solo sul set spostando le luci, nulla di che...»

«Ma facevano sesso davanti a te?»

«Sì, certo, però ora a Milano vanno le cose fetish quindi mi diverto ben poco.» Luca ride imbarazzato.

«Ti dispiace, eh? Ti toccherà cambiare lavoro!» Katia ride sarcastica.

«Beh sì... è bello vedere le ragazze nude, giuro, non scherzo. Però basta parlare di me, parliamo di te.»

«Va bene, vediamo cosa posso raccontarti... dopo il divorzio dei miei genitori ho iniziato a frequentare un ragazzo sbagliato il quale ha influito gravemente sulle mie sicurezze e sui miei sogni. Poi ho frequentato il Liceo Artistico Lucio Fontana di Arese, sempre uscendo con gente sbagliata, fidanzati sbagliati, non avevo voglia di impegnarmi e di studiare per raggiungere i miei obiettivi, il mio unico scopo della giornata era non pensare a niente.»

«Vai avanti, mi sto intrippando, non ti fermare.»

«Ah, sei felice per le mie sfighe?»

«Ovvio che no, mi dispiace molto, ma ora non mi sembri così a catafascio, anzi.»

Katy sorride per un istante e continua a parlare: «Il mio scopo era di vivere alla giornata, ma non mi ha portato a nulla. Ho cambiato scuola per poi frequentarne una di scenografia a Milano, ho lavorato in vari negozi ma nulla di serio. Ora sono da sette anni in una boutique di capi da cerimonia, dove ho trovato delle colleghe meravigliose.»

«Figo, sono molto felice per te, quindi ora sei soddisfatta della tua vita? Anche senza averla vissuta con me?» Luca sorride.

«Un giorno quando sarò vecchia e pazza, mi piacerebbe avere una villetta in campagna, sperduta nelle colline, circondata da animali strani, opere d'arte di artisti di tutto il mondo e magari anche qualche scultura o dipinto creato da me.»

Una volta parcheggiata l'auto in una proprietà privata, Luca e Katy entrano nel Luna Park. Il profumo di zucchero filato e ciambelle pervade l'aria, ma Luca ne è leggermente schifato, essendo poco amante dei dolci, mentre Katy impazzisce iniziando a correre come una bambina verso le bancarelle.

«Dai muoviti, come sei lento!»

Katia si avvicina alla bancarella, ordina due nuvole di zucchero filato rosa, dà un morso alla sua e anche a quella di Luca, poi gli ci fa affondare in faccia e inizia a ridere. Lui fa la stessa cosa e ora entrambi hanno il volto appiccicoso. Un pezzo di zucchero filato è rimasto incastrato nei capelli di Katia, Luca le si avvicina dolcemente, lo stacca, la guarda dritto negli occhi e se lo mangia.

«Luca ma che schifo!»

«Sa proprio di te.»

«Dici che so di zucchero filato?»

«Sì, è la prima cosa che ho pensato quando ti ho visto dentro al pub: questa ragazza profuma di zucchero filato.»

«Non so se prenderlo come un complimento, cosa intendi?»

«Sei dolce, tenera, bella, aggressiva come lo zucchero che monta e che a ogni giro della macchina diventa più grande. Ogni tanto sei leggermente appiccicosa, in più hai anche le punte dei capelli rosa e mi dai la sensazione che a furia di frequentarti mi verrà una carie. Sei zucchero filato rosa.»

Katia prende dello zucchero filato e lo infila in bocca a Luca, come per dirgli di stare zitto; lui lo mangia e strappa un pezzo dal suo per fare la stessa cosa avvicinandosi a lei. La guarda dolcemente, si avvicina, chiude gli occhi e…

«Cosa pensi di fare?»

«Mi sembrava un buon momento per baciarti!»

«Ma per chi mi hai presa?»

«Senti non fare la menosa, hai appena ferito il mio ego per la seconda volta.»

«Ah sì? E quale sarebbe la prima volta?»

«Dodici anni fa, con quel maledetto bigliettino! E ora di nuovo.»

«Quindi vuoi dirmi che sono la tua condanna?»

«Esatto, hai colto in pieno, andiamo nella casa degli specchi?»

«Sììì, che bello! Però prima mi do una sciacquata alla fontanella che sono tutta appiccicosa.»

Poco distante da loro c'è una fontanella verde con il logo di Milano, Katia si avvicina con le mani chiuse a cucchiaio per poter raccogliere più acqua possibile, Luca le si affianca, tappa la parte sotto del rubinetto e l'acqua inizia a fare un getto lunghissimo contro Katia, bagnandole la canottiera.

«Mi hai bagnata tutta!»

«Così impari ad abbassarmi l'ego.»

«Ah sei un bel permalosetto!»

Ma Luca si è distratto a guardare il top di Katy, che sta iniziando a diventare trasparente…

Arrivati alla casa degli specchi, Luca paga il biglietto per entrambi: cominciano subito a osservarsi riflessi in una serie di specchi messi all'inizio del percorso, sembrano altissimi, bassissimi, grassissimi, ma poi Katia rimane indietro e cambia strada allontanandosi da Luca.

«Luca mi sono persa!»

«Ma come ti sei persa? Come faccio a raggiungerti?»

«Non ne ho idea, altrimenti non ti avrei detto che mi sono persa.»

«Ok, provo ad avvicinarmi, tu stai ferma.»

Dopo una serie di prove Luca riesce a raggiungerla, appena la vede la prende in un forte abbraccio spaventandola.

«Senza trucco sei ancora più bella.»

«La smetti di fare il provolone?»

«Non posso farci niente, è la mia natura.»

«Mi stai dicendo che fai così con tutte?»

«No, sono un timido.»

«Pfff, tu eri un timido, ora sei uno stronzo, provolone e chi esce per ultimo è un babbano.»

Katy fa per allontanarsi, ma Luca le prende la mano iniziando a tirarla: sinistra, destra, nuovamente a destra, dritti lungo un corridoio, ancora a sinistra e finalmente fuori.

A quel punto, Katy vede in lontananza dei salterelli completamente vuoti e si esalta.

Purtroppo la giostra è chiusa, ma vedendo che nessuno li osserva, Luca fa un piccolo saltello aggrappandosi come una scimmia alla recinzione: «Entriamo!».

«Ma non hai visto che è chiusa? Scendi da lì che ti fai male!»

«Scavalchiamo o hai il sederone che non ti fa muovere da terra?»

Luca fa due salti e in men che non si dica è dall'altra parte. Per Katia risulta un po più difficile e rimane incastrata a metà su un tubo.

«Che male, smettila di stare la impalato a guardarmi e vieni a darmi una mano!»

«Scusami, fa troppo ridere, non riesco a capire cosa tu stia facendo!»

«Se non mi aiuti immediatamente inizio a urlare e ci faccio scoprire.»

Luca le si avvicina, mettendole le mani come una scaletta sotto al piede. Katia appoggia bene la punta della scarpa, solleva la gamba sinistra e si lascia cadere sulle spalle di lui.

Luca inizia a saltellare sui trampolini infastidendo Katia che si sposta su un tappeto tutto suo; lui prova a fare qualche salto acrobatico con scarsissimi risultati. Katia si sofferma a guardarlo: non è cambiato affatto, è ancora il ragazzino di dodici anni prima, intrappolato in un corpo da ventenne. Luca fa un salto invadendo il suo tappeto elastico e si sdraia come un ninja.

«Katia abbassati!»

«Cosa?»

«C'è il guardiano, vieni qua, sdraiati sul tappeto.»

«Mi viene da ridere e se inizio è la fine... per le tue stupide idee siamo in trappola.»

«Shhh! È vicino!»

Un fascio di luce passa poco al di sopra delle loro teste, ma il guardiano non nota niente di sospetto, si appoggia alla rete e si accende una sigaretta. Istanti che sembrano interminabili. Luca e Katy sono abbracciati. Lei ha il respiro di lui sul collo, ma la cosa non le dispiace affatto, sa di zucchero filato. Poi il cellulare di Luca inizia a vibrare silenziosamente.

«Ti sta vibrando qualcosa» lo avverte Katy.

«Sì, è il mio coso.»

«Il tuo cosa?»

«Il mio cellulare.»

«Il guardiano se ne è andato.»

«Siamo i futuri Diabolik ed Eva Kant.»

«Ma se per colpa tua stavamo finendo nei guai! Usciamo da qua!»

«Secondo me ti sei divertita come una pazza, ti stavo osservando mentre saltavi e te la stavi spassando.»

«Ok lo ammetto, è stato abbastanza piacevole, chi era al telefono?»

«Sei per caso gelosa?»

«No, sono solo una curiosa cronica.»

«Era la mia ragazza.»

«Ma sei serio? Pensavo fossi una persona a posto e invece sei come tutti gli altri.»

«Scusami Katy, non sapevo come dirtelo e poi

cosa vuoi da me? Mica siamo fidanzati, ti ricordo che ben dodici anni fa mi avevi rifiutato...»

«Mi dispiace solo che stavamo passando una bella serata e tu sei uno stronzo, portami a casa.»

Katia si alza, ma Luca le mostra la schermata del cellulare: «È mia sorella, mi ha chiesto se ho voglia di andare a ballare, che dici la raggiungiamo?».

«Sei davvero una persona orribile, mi hai fatto rimanere male... dove andiamo?»

«Al Magnolia, lo conosci?»

«Certo, va bene, tanto non è un posto da fighetti.»

Si alzano, Luca fa qualche saltello qua e là, si avvicina a Katia per aiutarla a uscire ma lei si incastra nuovamente a cavalcioni sull'estremità della rete.

«Luca aiutami!»

«Se ti aiuto mi dai un bacio, altrimenti ti lascio dove sei e vado a chiamare il guardiano.»

«Aiutamiii!!!» urla Katia, ma facendo in modo di non farsi sentire da nessuno.

«Eh vabbe', allora ti lascio là.»

«Ok, ti do un bacio, ma dammi una mano!»

Luca si appende alla recinzione, si tira su con le braccia, solleva le gambe e salta dall'altra parte, fa perno sotto al piede di Katia aiutandola a scendere e con fare apparentemente distratto le appoggia le mani sui fianchi portandola a terra sana e salva.

«Ok, ora voglio il mio premio.» Luca chiude gli occhi, Katia si avvicina e lo bacia sulla guancia.

«Sono una donna di parola.»

«Sinceramente mi aspettavo altro» dice Luca con un volto molto deluso.

«Sinceramente sei un pirla. Mi avresti lasciata là come un salame?»

«Non lo avrei mai fatto, ti pare? Per chi mi hai preso?»

«Per uno che ricatta e in cambio vuole favori sessuali.»

«Certo che un giorno mi manderai veramente in galera.»

Finalmente arrivano nel loro parcheggio abusivo.

«È vostra questa macchina?»

Una voce arriva da un punto in ombra davanti a loro, una sagoma si avvicina lentamente continuando a fissarli, Luca fa segno a Katia di rimanere indietro.

«Cosa vuoi da noi?» Luca urla verso l'ombra.

«Volete muovervi a spostare la vostra macchina dal mio parcheggio?»

Dall'ombra esce una signora molto in carne, con una vestaglia floreale e i capelli raccolti in una cuffia settecentesca, li guarda in cagnesco.

«Sì, perdonaci, sono il nipote di zia Giuseppina!»

«Non c'è nessuna Giuseppina, porta fuori la tua macchina dalla mia proprietà o chiamo i carabinieri!»

«Signora, ma che modi sono?»

La signora prende un bastone di legno e si avvicina con fare minaccioso, sventolandolo in direzione di Luca e Katia. I due sono perplessi e impauriti, ma poi iniziano a ridere come pazzi. Saliti in auto, Luca mette la retromarcia e si piazza davanti alla signora: «Scusi, ma Antari?».

«Eh?»

«Prrrrr!» Luca fa una pernacchia, mette la prima e accelera sgommando.

«Certo che sei proprio un bambino!» lo sgrida Katia divertita.

«Hai visto il bimbo tenero e carino che c'è in me.»

«Sei proprio un dispettoso, eri in torto marcio!» Katia ride di gusto, Luca alza la musica, Katia schiaccia su muto.

«Eh no, ora mi ascolti mentre ti rimprovero.»

«Che palle, era solo uno scherzo.»

«Guida piano che mi devo truccare.»

«Ok, ma per Antari?»

«Eh?»

«Prrrrr!»

LIFT me UP!

#ZUCCHEROFILATO

ALWAYS SMILE :)

Sotto le stelle

ore 00.53

CAPITOLO 3

Davanti a Luca e Katia c'è una coppia che sta litigando e che, andandosene, lascia loro il parcheggio, spingendoli a provare un misto di compassione per la loro situazione e compiacimento per la serata che sta per iniziare.

Il locale è pieno di ragazzi e ragazze vestiti in vari modi, dall'alternativo all'elegante; ci sono tre diverse aree con generi differenti di musica: la Sala uno è una tensostruttura bianca senza pareti, ma è troppo piena, fa caldissimo ed è appena partito un pogo in cui sono coinvolte una trentina di persone.

«Entriamo a pogare!»

«Ma sei scemo? Mi hai visto? Mi spezzerebbero in due, e forse lo farebbero anche con te.»

«Ma cosa dici, mi butto sempre in mezzo al pogo, guarda...» Luca si mette a correre, raggiunge il centro della pista dove si sta sviluppando il pogo e inizia a ballare anche lui. Dopo un minuto di puro degenero, ne esce completamente sudato e col volto arrossato.

«Sono giovane per sempre, te lo dicevo, non mi sono mai tirato indietro e mai lo farò, soprattutto quando mi provocano.» La guarda con aria di sfida.

«Sarà come dici tu, ma ti sta uscendo del sangue dal taglietto sullo zigomo che ti ha fatto quel troglodita del mio ex...» Katia si avvicina alla faccia di Luca con un fazzolettino di carta stropicciato preso dalla tasca dei pantaloni, lo lecca per inumidirlo e poi glielo porge.

«Vuoi farmi venire qualche malattia? Cosa sei, mia madre?» gli fa lui.

«Ma no, è pulito, ti sto solo disinfettando, non fare lo scemo!»

«Non mi fido molto...» Luca si passa il fazzoletto sulla guancia e si accorge che non c'è traccia di sangue.

«Che sfigato che sei, ci sei cascato» scoppia a ridere Katia.

«Che ne so, già mi fa male e ora sono pure pieno di saliva, che schifo!»

«Quante storie fai? Ci sei cascato come una pera cotta, che fesso.»

«Simpaticona, ti ricordo che sono un tipo vendicativo. Meglio non provocarmi perché...»

Katia si mette a camminare senza nemmeno farlo finire di parlare.

«Vabbe' tanto stavo dicendo cazzate» dice Luca tra sé e la segue fino alla Sala due dove stanno mandando *Take on me* degli a-ha.

Katia prende la mano di Luca trascinandolo al centro della pista e inizia a ballare sinuosa, coinvolgente.

Si gira su se stessa facendosi abbracciare, inizia a sculettare: si stanno divertendo come non succedeva da tempo.

Poi Luca le urla qualcosa: «ANDIAMO A BERE?»

Dopo una coda infinita arrivano alla cassa dove ordinano due cocktail, uno Sbagliato e un Gin lemon.

«Andiamo a sederci là in fondo, sotto agli alberi?» Katia indica degli alberi in fondo al locale.

«Nei locali all'aperto è sempre meglio evitare di sedersi vicino alle piante.»

«Ma queste te le inventi durante la notte mentre dormi?»

«No è una storia vera, guarda.» Luca fa notare a Katia un albero vicino al punto indicatogli a cui si sta avvicinando un ragazzo barcollante per pisciare.

«Ecco il motivo per il quale è meglio evitare gli alberi...»

«Che schifo, hai ragione.»

«Ho sempre ragione.»

«Ho sempre ragione.»

Katia imita la voce di Luca prendendolo in giro, lui indica un punto non ben definito verso la distesa di verde sul quale ci sono gruppetti di ragazzi seduti a ridere e scherzare.

«Andiamo in mezzo al prato, sotto alle stelle.»

«Ma come sei romantico, va bene... ti seguo.»

Luca prende un sorso dal suo bicchiere e si incammina.

«Assurdo!» esclama Katia mentre lo segue.

«Cos'è assurdo?»

«Tutta questa serata, non me l'aspettavo proprio.»

«Vedrai che imparando a conoscermi meglio, capirai che sono una persona ricca di sorprese, nessuna ragazza si è mai annoiata con me.»

«Ma quanto te la meni? Guarda che intendevo il tempo, è proprio una bella sera piene di stelle, amo le stelle.»

«Non me la meno, pensavo che ti riferissi a...»

«A noi due?» scoppiano a ridere.

«Dai Luca, a parte gli scherzi, non ti sembra una serata assurda? Fino a poche ore fa non sapevo della tua esistenza e ora siamo qua insieme, è la prima volta che mi succede una cosa simile.»

«Momento, momento, momento! Io sapevo della tua esistenza, perché da quella sera al cinema ci sono rimasto sotto!»

«Ma smettila di fare il piacione, non ti si addice!»

«È vero, hai dato una botta terribile al mio ego, diciamo che da quella sera ho iniziato a lavorare seriamente sulla mia timidezza ed eccomi qui, un uomo maturo e sicuro di sé pronto a scatenare i suoi bollenti spiriti. Ho capito che bisogna sempre cogliere l'attimo, *carpe diem*. Ho sprecato gran parte della vita a lottare con le mie emozioni, privandomi di attimi e momenti di felicità solo per paura di un rifiuto. Il segreto è fare tutto ciò che si vuole senza pensarci troppo.»

«Ti credo, ma tieni a freno i tuoi bollenti spiriti!»

«Come ti ho detto, ho imparato a non perdere nessuna occasione.»

Luca mostra un sorriso compiaciuto.

«Lu, cambiando discorso, non dovevi sentire tua sorella?»

«Ah, è vero.»

Luca sfila il cellulare dalla tasca e inizia a digitare qualcosa su WhatsApp.

Ciao Vale, dove sei?

Dopo diversi minuti in cui Katia si toglie le scarpe e finiscono i cocktail rimanendo a osservare le stelle, risponde:

Ciuuuuu! Girati!

Luca si gira e dietro di lui c'è sua sorella che lo abbraccia calorosamente.

«Ciuuuu Luca.»

«Ciao Vale, com'è?»

«Bene bene, mi sto divertendo, lei chi è? Non me la presenti?»

«È una che mi ha detto di no quando eravamo piccoli, ma stasera ci siamo incontrati di nuovo e ora ci sto riprovando.»

«Luca non fare lo scemo! Scusalo è tutto strano. Come ti chiami?»

«Ciao piacere mio, sono Katy, hai ragione è tutto strano.» Ridono insieme.

«Ma quindi vuoi dire che voi vi conoscete dalle medie? Che figata pazzesca, allora è proprio destino» urla Valentina entusiasta.

«No, dai, sono solo coincidenze» smorza Katy.

«No, no, questo è destino, poi tu sei bellissima, figurati se non ci proverà.»

«Ci sta già provando.»

«E a te non piace il mio fratellino?»

«Come può piacermi qualcuno che conosco appena?»

«Non è esatto, hai detto che vi conoscete dalle medie, giusto?»

«Sì ok, ma non ci conosciamo per niente!»

«Vabbe' avete tutta la notte per conoscervi meglio. Va' che il mio fratellone è un bravo ragazzo, non fartelo scappare.»

«Grazie del consiglio Valentina, lo terrò a mente.»

«Ora devo andare, gli altri mi hanno appena scritto.» Vale si alza e saluta tutti.

«Ok… ciao Vale, non fate guidare chi è ubriaco o siete scemi.»

«Lu, ma secondo te? Lo sai che anche io ho paura.»

«Ciao Vale, un bacione e buona serata!»

A questo punto, Luca si sdraia sul prato soffice e fresco, rispetto all'aria calda estiva, tenendo le mani dietro alla nuca.

«Dai, sdraiati anche tu, guarda quante stelle.»

«Mi sporco.»

«Ma è tutto asciutto, meglio qua che sotto gli alberi dove ci pisciano tutti.»

Katia si sdraia sul braccio sinistro di Luca usandolo come cuscino, e rimangono in silenzio per pochi minuti a fissare le stelle. Tutto intorno a loro diventa silenzioso, stanno bene. La luna illumina la notte come un faro acceso.

«Hai mai pensato che nella parte nascosta della luna ci possa essere una civiltà supersviluppata?» le domanda Luca.

«Ma ce ne saremmo già accorti, non trovi?» risponde scettica Katia.

«Sì, credo di sì, o magari ci stanno tenendo segreta la cosa, tanto una faccia della luna rimane sempre nascosta alla terra, quindi potrebbe anche esserci una società segreta in contatto con gli esseri più potenti del pianeta, magari ci sono laghi e alberi, e noi che pensiamo sia solo un ammasso di roccia completamente vuoto.»

«Ok, sei tutto andato.»

«Ma no sto fantasticando, non lo fai mai?»

«Ma certo, stavo scherzando.»

«Un giorno mi piacerebbe andare sulla luna, sarebbe l'avventura definitiva.»

«Se credi nei tuoi sogni un giorno si avvereranno.»

«Come il passare una bella serata con te, sono dodici anni che rosico e alla fine ce l'ho fatta, non sono neanche più timido e riesco a parlarti senza sudare. Sono progressi!»

«Esatto, come il passare una bella serata con me, considerami una Dea, anzi la Madonnina d'oro del Duomo di Milano. Sono intoccabile e irraggiungibile.»

«Intanto sei qua vicina a me.»

«Simpaticone. Allora basta, andiamo a ballare?»

Katia schizza in piedi, gira l'angolo e sparisce. Luca si alza e va nella direzione in cui è corsa via e la vede in fila vicino alla cassa che sta prendendo altri due bicchieri pieni di qualche intruglio alcolico. Le si avvicina per aiutarla, prende un bicchiere, si guardano negli occhi mentre fanno un brindisi e bevono.

«Andiamo a ballare e cambiamo sala?» Katia continua a insistere anche se a Luca non è mai piaciuto ballare in mezzo alla pista, ma visto e considerato il casino, questa volta si sente costretto a cedere.

«Nella Sala tre ci dovrebbe essere Luca Agnelli, lui spacca di brutto.»

«Non credo di averlo mai sentito, seguimi.»

«Calcolando che ascolti M2o ho la sensazione che ti piacerà parecchio.»

Katia si volta facendo segno a Luca di seguirla e inizia a camminare come se nel locale non ci fosse nessuno a parte loro. Adagiando la mano sulla schiena delle persone che – come in *Assassin's Creed* – si aprono lasciandola passare per poi richiudersi immediatamente, Katia si fa strada tra la folla obbligando Luca a una corsa a ostacoli per starle dietro.

Katia inizia a ballare in maniera particolarmente e pericolosamente sexy, attirando l'attenzione di Luca che la osserva bevendo il suo cocktail, poi gli si avvicina, lo abbraccia tenendo in mano il suo cellulare scatta un selfie e lo invia su WhatsApp.

Quindi ritorna alla realtà, mette via il cellulare nella borsa, lascia su un tavolo il bicchiere vuoto, fa segno a Luca di seguirla e si intrufola tra la folla sparendo. Dopo due secondi torna indietro per prendere la mano di Luca e lo trascina all'interno della pista. Arrivano in un punto dove la musica è molto più intensa e a quel punto Katia riprende a ballare. La sua pelle, leggermente sudata, scintilla illuminata dalle luci e dalla luna alta nel cielo: «Dai Luca, vieni qui e balla insieme a me!».

«Mi è venuta un'idea folle» risponde Luca, si avvicina a Katia prendendola per le spalle e la guarda in maniera intensa, con occhi spiritati.

«Guarda che se lo dici così mi fai veramente paura.»

«Ti fidi di me?»

«No, sembri pazzo.»

«Seguimi!»

my sister
@VALENTINA LATTANZIO

POW!
POW!
POW!
POW!
YouTube
COMMUNITY
CONTRIBUTOR
SUMMIT

HAVE FUN!
A Night
I will never forget

RICORDI

ORE 3.22

CAPITOLO 4

Saliti in macchina, Luca e Katy si dirigono verso il centro, ma dopo poco, a causa di una deviazione imprevista, scoprono di essersi persi.

«Luca dove stiamo andando?»

«È una sorpresa, non posso dirtelo, altrimenti che sorpresa sarebbe? Iniziamo ad arrivare e trovare parcheggio, al massimo ci spariamo un pezzo di strada a piedi.»

«Che sbatti, non possiamo avvicinarci il più possibile al locale? Non ho molta voglia di camminare, sono stanca.»

«Sei già stanca? Che babba» Luca scoppia a ridere.

«Guarda che lo sfigato che non è riuscito a baciarmi dodici anni fa sei tu!»

«Sono una persona molto timida.»

«Guarda sembri tutto fuorché timido.»

«ERO timido, giuro che volevo farlo, poi ho cercato sempre di non ripetere quello stesso errore.»

«Quindi hai limonato con un sacco di ragazze?»

«Sì, ho ancora le tonsille gonfie per via della mononucleosi. Secondo te sono uno che si dà via così a caso?»

«Sei un bel ragazzo e sicuramente avrai avuto le tue esperienze, l'importante è che ti sia svegliato, non voglio sapere altro.» Katia si tappa le orecchie con le mani.

«Ero talmente agitato che non mi ricordo nemmeno che film avevamo visto.»

«*American Pie*. Sai che con la coda dell'occhio ti osservavo, ero pronta a ricevere il tuo bacio, ma sei rimasto imbalsamato tutto il tempo! Sentivo pure i calcioni che ti tirava Nange sullo schienale, ci sono rimasta male anche io, sai?»

«Certo, come no, avrai pensato o peggio sparlato con la tua amichetta che ero uno sfigato assurdo. Che ne sapevi, magari non mi piacevi e basta.»

«Mi fai ridere quando cerchi di fare il duro diventi troppo tenero.»

«Non sono tenero affatto» Luca aggrotta le sopracciglia.

«Sì che lo sei, come vedi mi ricordo tutto, anche perché di solito i ragazzi cercano di saltarmi addosso, mentre tu eri stato impassibile tutto il tempo, e questa cosa mi aveva colpito.»

«A differenza di oggi?»

«Esatto, prima eri un ragazzino tenero e carino, adesso sei un teppista fatto e finito.»

«Ora sono parecchio cambiato, cerco sempre di cogliere l'occasione, *carpe diem* Katy! La gente spreca il suo tempo a vivere la vita riempiendosi di paranoie inutili, io ora ho imparato a non lasciarmi sfuggire nessuna opportunità e per questo le cose vanno perfettamente! E comunque alle donne piacciono i teppisti.»

«Hai ragione, non so perché ma siamo sempre attratte dai ragazzi peggiori, forse perché mostrano il loro vero lato, mostrano carattere e sicurezza, personalmente io mi sento protetta dai ragazzacci e tu oggi hai tenuto testa a uno che fa il pugile, bravo!»

«Bravo un corno, avrei preferito continuare a bere senza prendere nessun cazzotto ed evitando di scappare con una pazza!»

«Ah davvero? Cioè fammi capire, ti stai pentendo di essere fuggito con me e in più mi stai dando della pazza?»

«Ovviamente scherzo, ti pare! Sono superfelice di averlo fatto, di essere qui con te. È stato il cazzotto più bello della mia vita, grazie.» Luca inizia ad annuire sarcasticamente.

«Va bene, ho capito, però non fare lo scemo perché sono permalosa.»

«Dai! Non te la prendere.»

«Che idiota che sei.»

L'auto è arrivata in Corso XXII Marzo; si ferma a un

semaforo mentre una nuvola di fumo fuoriesce dal finestrino dell'auto, all'interno Luca e Katia stanno rivivendo parte della loro infanzia:

«... I saw that day,
Lost my mind
Lord, I'll find
Maybe in time
You'll want to be mine...»

La radio passa *El Manana* dei Gorillaz, Luca picchietta le dita a ritmo di musica sul volante, in giro non c'è quasi nessuno. Ferma al semaforo di fianco a loro, c'è un'altra coppia seduta su una Vespa rossa, lei sembra infreddolita, allora lui si toglie la giacca per dargliela. Luca e Katia osservano la scena in silenzio.

«Hai visto come sono teneri?»

«Sì, quasi mi sciolgo» risponde Luca sarcastico.

«Continuo a chiedermi dove tu abbia nascosto i tuoi vecchi sentimenti.»

Katia allunga la mano verso la guancia di Luca e gli molla un pizzicotto.

«Mi fai male!» urla Luca innervosito.

«Uhh! Come sei tenero.» Katia molla la presa.

«Che cavolo?!? Mi vuoi strappare la guancia?»

«Scusa, ho esagerato... sta diventando rossa!»

«Non c'è niente da ridere.» Luca si guarda nello specchietto retrovisore.

«Certo che sei proprio un boccalone, è la seconda volta che ti faccio questo scherzo e ci caschi sempre.» Katia scoppia a ridere.

Luca la osserva stando in silenzio, i suoi pensieri iniziano a vagare, il semaforo è rosso, il tempo sembra essersi bloccato e lui vorrebbe baciarla. Il suo piano, però, viene bruscamente interrotto da Katia che alza la musica: in radio un vecchio pezzo di Raf. Lei inizia a ballare sbracciandosi tanto da attirare l'attenzione di quattro ragazzi a bordo di un Pandino che, colti dal suo entusiasmo, si uniscono alla danza.

Luca estrae il cellulare dalla tasca, fa scivolare il dito sulla schermata attivando la macchina fotografica, si scatta un selfie con Katia, quindi fa partire la videocamera e inizia a ballare.

«Katia ma li conosci?» Luca smette di registrare il video diventando leggermente dubbioso.

«No, ma sono simpatici!»

Scatta il verde, i ragazzi salutano suonando il clacson, fanno una leggera sgommata e ripartono girando a destra. Luca mette la prima, abbassa la musica e accelera andando a sinistra seguendo le indicazioni del navigatore.

«Te l'ha mai detto nessuno che sei una ragazza piena di vita?»

«No, nessuno... e a te hanno mai detto che sei

un provolone?» Katia sorride divertita continuando a parlare. «In ogni caso è uno dei complimenti più belli che mi abbiano mai fatto.»

Katia sfila dalla borsa una piccola agendina dalla quale tira fuori una penna, apre il libretto e segna qualcosa.

«Hai scritto sul tuo diario segreto?» chiede Luca incuriosito.

«Non è il mio diario segreto, è la mia agenda e ho segnato una faccina felice in tuo favore.»

«Stai scherzando?» Luca si mette a ridere come un pazzo e mentre guida cerca di prendere l'agenda di Katia per controllare se ha detto la verità.

«Un po' sei rimasto sfigato, era uno scherzo, ti pare che segno faccine felici o tristi vicino ai nomi delle persone che conosco?»

«Non si sa mai. Credo che tu sia consapevole di essere fulminata.»

«Come hai appena detto "sono piena di vita" e se sei stupito è perché è difficile trovare persone come me in questo mondo.»

Katia alza il braccio mostrando il muscolo in segno di forza.

«Non te la menare! Però hai ragione... è la stessa cosa che penso anche io: tutti persi nella loro vita, ingabbiati in lavori di cui farebbero volentieri a meno – se non fossero indispensabili per la sopravvivenza. È sbagliato e ingiusto! Dovremmo trascorrere le nostre giornate a studiare e inventare cose nuove, quella sì che sarebbe una bella vita!»

«Sì be', una bellissima utopia… ma non può esistere un posto del genere»

«Lo so… prova a immaginare se potessimo fare solo ciò che ci piace e ci fa stare bene. Io amo essere creativo e mi piacerebbe continuare a farlo sempre.»

«Anche io la penso come te, sarebbe bellissimo.»

«Cosa ti renderebbe felice? Cosa vorresti fare nella vita per essere davvero soddisfatta?»

«Ti sembrerà banale ma mi piacerebbe diventare ricca per far felici gli altri, le persone che non hanno niente, sapere di poterle aiutare dando loro cibo, strutture per permettere ai bambini di studiare o semplicemente di vivere una vita dignitosa… Ecco, tutto ciò mi farebbe sentire utile e felice in questo mondo.»

«Quindi stai dicendo che ti renderebbe felice essere piena di soldi?»

«Perché prendi un pezzo del mio discorso per poi trasformarlo in una cosa infida? Non sto scherzando, se fossi ricca vorrei davvero aiutare le persone!»

«Guarda che ci sono volontari che già lo fanno senza essere ricchi, anzi.»

«Luca lo so, ma questo è il mio desiderio, smettila di farmi passare per un'idiota!»

«Va bene, scusa.»

«In ogni caso, quello che intendo è che se fossi davvero ricca sfondata, spenderei i miei soldi per cose utili: girerei il mondo per imparare tutto sulle culture di cui non sappiamo molto e aiuterei la gente povera che non ha niente.»

«Io se fossi ricco sfondato inventerei un sistema per dare energia gratuita a tutto il pianeta e ovviamente internet illimitato. E poi macchine, case, giochi, consolle...»

«Ti sei dimenticato di parlare delle bellissime vallette che ti massaggiano i piedi e ti spalmano l'olio solare sulla schiena, vero?»

Luca sospira rumorosamente facendo finta di essere bloccato in un sogno a occhi aperti.

«Sei un maiale, lo sai?» Katia gli tira una sberla delicata sulla fronte.

«Non ho fatto niente!»

«Certo! Come no! L'hai detto tu che sei un tipo creativo, e molto probabilmente sei riuscito a crearti una perfetta immagine mentale, quindi ti meriti gli schiaffi.»

Una volta trovato parcheggio, Katia salta giù dalla macchina e va per la sua strada.

«Dai muoviti polentone! Ti offro un chupito, in quel bar.»

Katia indica un bar sotto i portici, all'interno del quale sembra ci siano solo stranieri, che appena li vedono entrare si girano, manco fossero entrati in un locale del far west.

«Scusi ci potrebbe fare due chupiti rum e pera?» chiede Katia al signore dietro al banco.

Il barista ha un grembiule bianco che gli copre la grossa pancia e sotto il quale si intravede una maglietta colorata leggermente sudata sotto le ascelle. Non ha un capello in testa, ma una folta barba gialla a causa delle sigarette. Prepara i chupiti rovesciando gran parte del rum fuori dai bicchieri.

Luca e Katia brindano alla serata, picchiano il fondo del bicchiere sul tavolo e bevono il drink alla goccia.

«Scusi potrebbe farne altri due?» chiede Katia.

«Ma sei fuori Katy? Io sono già tutto ubriaco, non sono abituato a bere!»

D'improvviso, però, tra due ragazzi nel locale scoppia una scazzottata tanto violenta che anche il barista rimane coinvolto.

«Katia, ci conviene scappare.» Luca la prende per la mano iniziando a spostarsi sulla destra senza destare troppa attenzione.

«Dai Lu, non perdere tempo, corri! Cazzo, CORRI!» Katia si divincola dalla presa di Luca iniziando a spintonarlo verso l'uscita.

Luca e Katia sono ormai fuori dal locale, trasformatosi in un film con Bud Spencer.

Katia si dirige verso il parco Vetra che, vista l'ora,

è chiuso. Trova un'apertura nella recinzione, probabilmente fatta con un cric, si infila senza problemi e passa dall'altra parte.

«Fermati Katy, siamo lontanissimi dal posto in cui volevo portarti, dove stai andando?»

«Guarda cosa ho preso!» Katia mostra una bottiglia di Barolo.

«Ma sei pazza? Quando l'hai presa?»

«Vicino all'ingresso c'era un mobiletto pieno di bottiglie di vino e prima di uscire, nella confusione, ne ho presa una.»

«Non abbiamo nemmeno pagato!» Luca ride di gusto attraversando anche lui la recinzione del parco.

«E ora come credi di aprirla quella bottiglia?» chiede Luca mentre cerca di starle dietro.

«Dai ti vuoi muovere? Sono una ragazza dalle mille risorse, ho preso anche il cavatappi!» Katia sfila dalla borsa uno strumento a forma di coltellino a scatto.

«Ma come diavolo hai fatto? Devo controllarmi le tasche! Forse mi hai rubato anche il portafoglio!»

«Non dire fesserie, c'era confusione e ne ho approfittato. Mi dai una mano?» Katia gli porge la bottiglia in cerca di aiuto, Luca la prende fa altri tre giri con il cavatappi e tira stappandola.

«Alla nostra, teppista!» Luca solleva la bottiglia, guarda negli occhi Katia e fa una lunga sorsata che gli dà subito alla testa, poi anche lei fa lo stesso.

«Mi è salito subito... forse non dovevamo mischiare...» Katia fa una faccia leggermente schifata.

«Che tenera, hai bevuto troppo? Se vuoi da quella parte c'è una fontanella.»

Luca indica un punto non ben definito del parchetto, prende la bottiglia – sfilandola dalle mani di Katia – per fare un altro sorso, ma gli provoca un'espressione disgustata.

«Perché fai quella faccia? Passami quella bottiglia che ti faccio vedere io come si fa!» Katia fa una lunga sorsata. «Scusami, io amo il vino. A molti mette sonnolenza, invece a me dà parecchia carica!»

«Poi vomito e diarrea...»

«Possibile che ogni cosa che dico la trasformi in una cosa disgustosa?»

«Scusami ma sono fatto così, prendere o lasciare.»

«Ciao, io lascio.» Katia si volta e inizia a correre, Luca la insegue per qualche metro, riuscendo a bloccarla quasi immediatamente.

«Guarda che sono il più veloce della mia squadra» dice sollevandola.

«Mi fai male! Sei scemo?» si lamenta Katia.

«Scusami! Molte volte non riesco a controllare la mia forza e talvolta mi succede di frantumare bicchieri o tazze nella mano, non ho idea di come ci riesca.»

«Sì, certo, è arrivato Hulk! A parte millantare di essere un supereroe, che sport fai?»

«Facevo. Ho smesso da un annetto perché mi sto dedicando parecchio al lavoro...»

«Tutto molto interessante, Luca, ma ti ho chiesto che sport fai, non la storia della tua vita.»

«Facevo rugby e tu sei simpatica come un dito...» Luca si blocca, beve una sorsata di vino e continua a parlare. «Tu invece, fai sport?»

«Ne ho fatti un po': cinque anni di ginnastica artistica, tre anni di nuoto, due anni di basket, un anno di aerobica, sei mesi di calcio, un anno di tennis e palestra. Ero una persona indecisa e forse lo sono ancora.»

«Ma quanti cavolo di sport hai fatto? Probabilmente eri scarsa in tutti quanti.» Luca sorride sfidandola.

«Non ero scarsa. Mi annoiavo facilmente e poi andavo agli allenamenti a fatica. Mi annoia ripetere le stesse cose mille volte. Mi piace sperimentare provando sempre nuovi stimoli, per questo motivo ho fatto così tante esperienze diverse.»

«E allora che mi dici del tuo fisico da rugbista?» Katia lo fissa rispondendo alla sua provocazione.

«Guarda che sono muscolosissimo!» Luca alza il suo braccio per mostrare il bicipite.

«E quello cosa sarebbe?» Katia si mette a ridere.

«Ridi ridi, tanto sono io il più veloce!»

«Almeno puoi scappare con la palla in mano.»

Katia stringe la bottiglia tra le mani simulando un giocatore di rugby.

«Non l'avrei mai detto che uno secco come te potesse fare uno sport simile: quando vedo i rugbisti in tv sembrano pieni di muscoli, ma tu non ne hai. O la televisione è *fake* o sei tu il *fake*...»

«Ma cosa dici? Guarda qui che roba!» Luca inarca le braccia verso l'alto facendo i muscoli, Katia si avvicina e gli affonda le unghie nella pelle.

«Ora mi stai facendo male, ti è per caso venuta una crisi?» Lui prova a divincolarsi dalla presa, ma non riuscendoci le sfila dalle mani la bottiglia e ne fa una bella sorsata.

«Oddio! Guarda che succede là!» Luca indica un punto non ben preciso, Katia molla la presa dal suo muscolo per controllare e Luca si divincola divertito.

«Ti odio, fammi bere!» Katia prende la bottiglia, la mette sotto la luce di un lampione per capire quanto vino sia rimasto. «Ti piace bere, vero? L'hai quasi finita!»

«Katy l'hai bevuta quasi tutta tu, sei un'ubriacona! Questa gita al parco Vetra mi ricorda qualche annetto fa quando uscivo con i miei amici punk. Compravamo bottiglie di Lambrusco e venivamo in questo parco a ubriacarci insieme ad altri ragazzi della zona. Facevamo un sacco di cazzate; le persone avevano paura di noi per qualche cresta colorata e per gli atteggiamenti che avevamo con l'intento di spaventarli.»

Luca alza la bottiglia, beve l'ultimo sorso e la butta in un cestino, quindi si siede con Katia su una panchina.

«Non ci credo! Anche io venivo qui qualche annetto fa... ma raramente entravo nel parco. Stavo spesso alle colonne di San Lorenzo a ubriacarmi...»

Lei estrae dalla borsa un pacchetto di Marlboro, lo apre, ne sfila una e l'accende.

«Tu pensa... invece di fare cose sconce, venivamo entrambi in questo parco per i fatti nostri a ubriacarci... Siamo persone tristi e povere! Mi lasci due tiri?»

«Tu sei un poveretto! Hai in testa una cosa sola... che palle! In più sei uno scroccone che non ha le sigarette.»

«Scusami, sono stato traumatizzato da piccolo.»

«Sentiamo un po', che trauma hai avuto?»

«Tu sei stata un trauma e oggi sono così strano per colpa tua.»

«Andiamo alle colonne di San Lorenzo a farci una foto?»

Si alzano, Luca si ferma a una fontanella per bere, ma Katia mette la mano sotto al rubinetto bagnandolo.

«Ma che cazzo fai?» gli fa lui arrabbiato.

Lei infierisce: «Sei un babbo! Mi hai fatto questo stesso scherzo poco fa al Luna Park e ci sei comunque cascato come un pollo!» Katia ride di gusto, Luca la guarda basito.

«Questa me la paghi!» Luca blocca il getto d'acqua, ma nella fretta di bagnare Katia si schizza da solo: «Guarda cosa mi hai fatto fare, ora sono completamente fradicio!».

«Sei troppo uno sfigato.» Katia scoppia a ridere.

Lui si sfila il giubbotto di pelle e poi la maglietta, mentre Katia lo osserva di sottecchi senza farsi notare: i vestiti di Luca sono quasi zuppi, come il suo corpo, e Katy nel guardarlo prova una piacevole sensazione.

«A cosa stai pensando?» Luca strizza la maglietta e la indossa di nuovo, poi insieme tornano verso la recinzione.

A quel punto si rivolge a Katia facendole cenno di passare per prima.

«Come siamo galanti!» Lei supera le sbarre divaricate, lui la segue e insieme fanno il giro del recinto del parco Vetra.

Arrivano quindi alle colonne: tutti i negozi e i locali sono chiusi, in giro c'è solo un furgoncino dell'Amsa che pulisce la piazza solitamente affollatissima.

«Non ho mai visto le colonne così desolate e silenziose» esclama Katia leggermente euforica, girando su se stessa mentre canta a squarciagola.

«Ovviamente tu devi rovinare tutta la magia urlando...» Luca la guarda con aria di sfida.

«Non fare l'antipatico o inizio a urlare come una pazza, vuoi vedere?» E comincia ad alzare la voce gradualmente, quasi fino a urlare, ma viene zittita dalla mano di Luca sulla bocca.

«Shhh, hai idea di che ore sono?» Bisbiglia Luca cercando di tenerla ferma.

«Facciamoci una foto!» Katia sfila dalla borsa il cellulare, nota una notifica su WhatsApp e sblocca lo schermo aprendo l'applicazione.

Quel coglione mi ha distrutto la moto

Scrive il suo ex fidanzato.

Quando siamo usciti era già a terra,
cerca di non rompere i coglioni, grazie

Katia va quindi sulle opzioni e blocca il numero in modo da non avere più rotture.

«Chi era?» chiede Luca incuriosito.

«Nessuno, messaggi che non avevo letto.»

Katia chiude velocemente WhatsApp, clicca sulla macchina fotografica, abbraccia Luca iniziando a scattare foto e continua: «Amo il silenzio, amo riscoprire posti pieni di vita quando sono desolati. Non mi capita spesso, ma se provi a stare in silenzio ti sembra di sentire ancora il rumore delle scarpe sul pavimento, il vociare delle persone, il tram...»

«Quello sta passando davvero, attenta Katia!» Spostandola con un gesto rapido, Luca la abbraccia.

«Sempre pronto a toccarmi!»

«Prontissimo.» Luca si mette sull'attenti.

«Comunque ti stavo dicendo: sembra che questo posto viva sempre, come quando osservi le opere d'arte, respiri la storia, la senti, la vedi ed è un po' come rivivere quei tempi, non trovi?»

«Trovo che abbiamo bevuto troppo! Ora mi toccherà bendarti per portarti in un posto.»

Katia si gira dando le spalle a Luca che sfila dalla tasca una bandana nera, le sposta dolcemente i capelli, le avvolge la bandana intorno agli occhi, fa un nodo e si allontana lasciandola lì.

ALL THE CRAZY SH*T I DID TONIGHT, THOSE WILL BE THE BEST MEMORIES!

I JUST WANNA
LET IT GO FOR THE
NIGHT, THAT WOULD
BE THE BEST
THERAPY
FOR ME!

SORPRESA

ore 4.16

CAPITOLO 5

Mirko

Ciao Mirko, come stai?

Ciao Luca, da quanto tempo?

Sì lo so, non mi faccio mai sentire!

Sei ancora di guardia?

Ho bisogno di un favore

Dimmi tutto

Ne avrò ancora per un'ora e mezza

Benissimo! Arrivo!

Luca, mettendo via il telefono, si avvicina a Katia, si sposta dietro di lei e le avvolge le mani attorno alle spalle. «Non fare resistenza, fatti trasportare» la spinge leggermente in avanti per farla camminare.

«È semplice per te che non sei bendato! Spero vivamente non sia uno scherzo e che non ci sia nessuno in giro, sai che figura?»

Katia si lascia guidare da Luca, che le tiene entrambe le mani sulle spalle, così da indicarle la strada per evitare bici, motorini parcheggiati, panettoni di cemento... Milano non è mai sembrata una città così deserta: non ci sono né auto, né pedoni.

Luca e Katia proseguono per un percorso noto solo a lui e lei si lascia trasportare divertita. Tutto sembra così magicamente diverso.

«Quanto manca Lu? Sta iniziando a venirmi l'ansia a camminare a occhi chiusi!»

«Non manca molto, però non levarti la benda, altrimenti mi rovini la sorpresa.»

«Amo le sorprese, però attento che se non mi piace, non ho problemi a dirlo!»

Katia incrocia le braccia in segno di protesta, Luca dietro di lei continua a spingerla, stando ben attento a non farla sbattere da nessuna parte. Arrivano all'incrocio che unisce via Torino, via Orefici e via Giuseppe Mazzini a piazza del Duomo. Luca si blocca e volta Katia verso un muro di marmo.

«Ora puoi toglierti la benda, siamo arrivati.»

Lui le scopre gli occhi lentamente, e Katia si ritrova davanti a un muro pieno di graffiti confusionari e volantini pubblicitari appiccicati.

«Non capisco!» Katia rimane a fissare il muro per qualche secondo per poi girarsi verso di Luca in cerca di risposte.

«Ti piace proprio quel muro, sei rimasta a fissarlo per un sacco di tempo!» Luca scoppia a ridere indicandola con un dito.

«Questa me la paghi, quindi non c'è nessuna sorpresa?»

Katia incurva le labbra verso il basso, facendo la smorfia da offesa.

«Anche prima in macchina hai fatto questa faccia, sei troppo tenera quando fai l'offesa...» Luca continua a ridere per lo scherzo appena fatto.

«Perché ridi? Ci sono rimasta malissimo!»

«Scusa dovevo troppo farlo, rimettiti la benda e andiamo, che siamo in ritardo.»

«In ritardo per cosa, pensavo che fosse tutto uno scherzo, quindi c'è una sorpresa?»

«Certo che c'è, ma ci dobbiamo muovere.»

Luca rimette la benda sugli occhi di Katia e inizia a spingerla verso piazza del Duomo.

«Aspetta un attimo qua, dammi solo due secondi e torno.» Luca ferma Katia davanti a palazzo Reale, nella piazzetta a pochi metri dal Duomo.

«Dove vai? Dove siamo?»

«Aspetta due secondi! Torno immediatamente!» Luca si mette a correre verso la parrocchia di santa Tecla, poco distante dalla piazzetta in cui ha lasciato Katia bendata.

«Hey! Altolà, dove corri? Identificati!» Due militari si avvicinano a passo lungo verso Luca che si è immediatamente immobilizzato sul posto, uno dei due militari ha in mano una mitraglietta.

«Luca sei tu? Quanto tempo!» Il militare senza mitra si avvicina a Luca abbracciandolo.

«Ciao Mirko, mi avete fatto cagare addosso!» Luca tira due sospiri di sollievo, allunga la mano verso il collega militare ancora sull'attenti.

«Ciao, piacere Luca!» Il militare gli stringe la mano facendogli male.

«Come mai da queste parti, Luca? Di che favore hai bisogno? Spero tu non sia nei guai» chiede Mirko incuriosito dal messaggio che gli aveva inviato mezz'ora prima.

«No, no, sai che non mi metto mai nei guai» dice scoppiando a ridere insieme all'amico, mentre si massaggia la mano dolente.

«Devo fare colpo su una ragazza, non è che mi faresti entrare?»

Mirko e il militare si guardano sorpresi, sgranando gli occhi: «Scusaci Luca, io e il mio collega dobbiamo parlarne due secondi, è un favore particolare, ma aspetta…».

I due militari si voltano dandogli le spalle e iniziando a confabulare tra loro. Luca si volta verso la piazzetta nella quale ha lasciato Katia da sola. Lei è ancora in piedi ad aspettare il suo ritorno.

«Ne abbiamo discusso.» Luca si volta verso i militari, Mirko continua a parlare. «Se ci beccano, voi finite nei casini e a noi ci manderanno a pattugliare un ospizio chissà dove, quindi vedi di non fare scherzi, ok?» dice Mirko imbracciando un mitra grande quanto il suo petto.

«Vado a prenderla, non sa niente mi raccomando, è una sorpresa e grazie raga, vi devo un favore!»

Luca inizia a correre verso Katia che per via della lunga attesa si è accovacciata. I militari li guardano per qualche secondo per poi ritornare alla loro postazione.

La luna risplende alla destra di Luca e Katia e si riflette su una vetrata alla loro sinistra.

«Due lune e un sole» esclama Luca, alzando leggermente la bandana di Katy in modo da farlo vedere anche lei.

«Bello, bellissimo! Ma il sole?»

«Sei tu il sole, ma ora basta! Devo farti vedere un'altra cosa e non è il mio pisello, giuro!» Luca si mette a ridere e copre di nuovo gli occhi a Katia. Riprendono a camminare.

Arrivati all'altezza dei militari Luca si porta l'indice alla bocca, indicandogli di fare silenzio. Loro rispondono con un occhiolino sincronizzato. Sono dentro. L'aria è leggermente cambiata, si sente odore di chiuso e una leggera umidità mentre la temperatura si è abbassata di qualche grado. Stanno percorrendo degli stretti gradini a chiocciola, leggermente più alti del solito, che rendono difficoltosa la salita.

Katia allunga la mano verso destra e tocca la fredda parete di marmo, i loro passi rimbombano come se fossero dentro a un pozzo profondissimo.

«Dove stiamo andando?» chiede Katia incuriosita, e le sue parole creano un'eco spettrale.

«Ci siamo quasi, sei stanca?»

«Sì, e inizio a preoccuparmi. Siamo in metropolitana, vero? La riconosco dall'odore e dall'umidità! Prima ho anche toccato una parete ed era fredda come quelle della metro.»

«Esatto, ma non posso dirti niente.» Luca la spinge con più forza per farle riprendere il passo, ma lei rimane con le braccia incrociate, immobile sul posto.

«La metro a quest'ora è chiusa, dove mi stai portando? Finché non mi darai un indizio io non mi scollerò da qui.» Katia, innervosita, sbatte ripetutamente il piede destro sul pavimento.

«Ok, mi hai sgamato. Se ti dico dove stiamo andando però ti rovino la sorpresa… facciamo una cosa: scegli tu, ci fermiamo e ti dico tutto quanto, ok?»

Luca porta le mani sulla benda di Katia per toglierla, ma lei lo blocca immediatamente: «No, mi rovinerei la sorpresa!» e si sistema la benda. Luca la fa sentire al sicuro, protetta.

Lui inizia a spingere dolcemente, ma lei muove male il piede sinistro tanto da farlo sbattere contro l'angolo di un gradino: «Mi sono fatta male, stupide scale! Manca tanto?» sbuffa per la stanchezza.

«Ancora cinque minuti e ci siamo... anzi dobbiamo muoverci perché abbiamo poco tempo.»

Luca e Katia continuano a salire e l'ambiente diventa sempre più cupo e freddo, tanto da sembrare una grotta dispersa in chissà quale isola deserta.

Queste percezioni iniziano a disorientare Katia che, ancora bendata, prova a immaginare il posto dove si trovano: immagina un sacco di persone che la guardano divertite, indicandola, bisbigliando tra di loro e deridendola, ma lei non se ne vergogna.

Ora l'aria è più fresca e respirabile, il puzzo di umido e chiuso sono spariti per lasciare spazio a un profumo di primavera, i rumori della città si fanno più intensi, l'eco che si sentiva poco prima è scomparso e una leggera brezza accarezza i loro visi, scompigliando i capelli di Katy che prova a sistemarseli invano.

Luca estrae dalla tasca il suo cellulare, fa scivolare il dito sul display, sblocca la macchina fotografica e si scatta un selfie con Katia ancora bendata e le dice: «Siamo arrivati!»

«Finalmente! Posso togliermi questa maledetta benda? Non potevi metterla poco prima di entrare nel locale?» Lei allunga le mani per scoprirsi gli occhi, ma lui la blocca.

«Dove credi di essere Katy?»

«In un parco? In un locale? In una corte?»

Katia abbassa le braccia e si fa levare la benda da Luca. Apre lentamente gli occhi: sono in alto, molto in alto, Milano è stupenda.

«È bellissimo!»

Le guglie dell'imponente chiesa in stile gotico, che hanno davanti agli occhi, fanno da cornice a un panorama mozzafiato di una incredibile Milano notturna: le luci dei lampioni che segnano le strade, sembrano fiumi.

"Sono al centro del mondo", pensa Katia.

Il loro sguardo si sposta alla vicina torre Velasca e quando Katia si gira dalla parte opposta, verso la Rinascente, nota i grattacieli illuminati che vanno a comporre il nuovo skyline milanese del quartiere Isola.

Poco più in alto di loro, completamente illuminata, c'è la Madonnina in rame dorato, che per anni è rimasta nascosta dentro alle impalcature usate per restaurarla.

«*O mia bela Madunina, che te brillet de lontan, tutta dora e piscinina, ti te dominet Milan*!» Luca inizia a cantare con un milanese incerto mentre corre verso le guglie alla sua destra. Ci appoggia sopra il cellulare, imposta l'autoscatto, torna a passo veloce da Katia e insieme si mettono in posa abbracciandosi.

CLICK.

Il cellulare scatta una serie di quattro foto in cui loro cambiano posizione facendo smorfie divertenti: Katia alza il braccio sinistro – perché quello destro è dietro la schiena di Luca – per avvinghiarsi a lui in un tenero abbraccio mentre lo guarda in modo sensuale; chiude gli occhi e lo bacia dolcemente sulla bocca.

Il contatto con la pelle di lui le provoca un formicolio su tutto il corpo. Luca le mette una mano tra i capelli e si ferma a pochi centimetri dalle sue labbra, mentre Katia lo guarda dritto negli occhi facendogli perdere il senso dell'orientamento e del tempo.

I loro corpi sono ora vicini e i loro cuori sembrano adattarsi in un unico battito armonioso. Tutta Milano sta pulsando secondo il loro ritmo. Forse tutto il mondo.

L'alba imminente inizia a cancellare qualche stella; la luna è ormai solo un fantasma lontano nel cielo.

In cima al Duomo due sagome nere si stanno unendo in un bacio infinito, per la prima volta dopo dodici anni.

«Identificatevi!» una voce cupa e aggressiva li fa tornare velocemente alla realtà, sembra non ci sia nessuno eppure qualcuno ha parlato.

«Altolà! Non fate un altro passo!» di nuovo la stessa voce.

Luca, spostandosi dietro una guglia insieme a Katia, le fa segno di fare silenzio. Due figure non ben riconoscibili iniziano a prendere forma mentre avanzano verso di loro; sembra abbiano in mano due bastoni che nel venire alla luce prendono sempre più le sembianze di due mitragliette e sono puntate contro di loro.

Le due sagome continuano ad avanzare uscendo lentamente dal buio, una alla volta, e non appena arrivano sotto una luce gialla – che illumina dal basso verso l'alto la Madonnina del Duomo di Milano – le due sagome iniziano a prendere sembianze umane: sono due militari.

Luca e Katia alzano le mani di scatto, ma uno dei due militari punta loro in faccia una torcia potentissima, così da disorientarli e accecarli. Con uno scatto felino l'altro militare li blocca, li tiene stretti con un solo braccio mentre dalla divisa estrae un paio di fascette con cui lega loro i polsi.

«Comando tre, stiamo scendendo, ora li portiamo in caserma per interrogarli.»

Il militare più grosso abbassa il walkie-talkie per poi andarlo ad agganciare al suo cinturone.

«Scusi ma noi...» Luca prova a dire qualcosa, ma il militare alla sua sinistra gli stringe il braccio facendogli capire che è arrivato il momento di tacere.

«Mi scusi! Lei lo sa che non può metterci le mani addosso? Potrei tranquillamente denunciarla!» interviene furente Katia, ancora un po' alticcia e alquanto irritata da quello che sta succedendo.

«Signorina mi scusi, ma lei è entrata in una proprietà privata, le conviene non aggiungere altro.» Luca la guarda cercando di farle capire con lo sguardo di stare buona, ma lei continua a fissare le guardie con un sogghigno beffardo.

Arrivati a piano terra, Luca e Katia si guardano spaventati.

Lei allunga la mano verso quella di lui e, cercando di non dare troppo nell'occhio, gliela stringe sforzandosi di dargli – e darsi – coraggio.

«Dove ci state portando?» riprova Luca, con uno slancio di coraggio e una voce sicura che lascia trasparire un leggero tremolio, ma nessuno sembra intenzionato a dargli una risposta.

Sono fuori dal Duomo, e davanti a loro c'è una grossa jeep militare che li sta aspettando.

«Ma cosa cavolo...» Luca prova a respingere invano il militare che lo sta spingendo con forza nella jeep, Katia è già dentro.

Chiudono lo sportello e partono.

«Luca, cosa cavolo sta succedendo?» dice lei toccandosi il polso dolorante.

«Credo che siamo finiti nei guai» risponde alzando la mano sinistra per sistemare il ciuffo, ma, dimenticandosi delle fascette, tira a sé anche il braccio di Katia facendole ancora più male al polso.

«Mi fai male!»

«Scusa Katy, non l'ho fatto apposta.»

«Fanno malissimo 'ste fascette del cavolo! Tra un po' mi sanguineranno i polsi! Avete capito, mi stanno per sanguinare i polsi! Non vi sembra di esagerare? Non siamo dei criminali, non abbiamo fatto assolutamente niente di male!»

«Signorina, ogni cosa che lei dirà potrà essere usata contro di lei.»

«No, lo hai detto sul serio? Che figata pensavo si dicesse solo nei film.» Katia inizia a ridere nervosa.

«Katy zitta, ti prego, mi sa che li stai facendo incazzare!» Luca con un gesto amichevole sorride ai due militari.

«Scusate, ha solo bevuto un po', non volevamo mancare di rispetto... so che state solo facendo il vostro lavoro, ma tutto questo trambusto per due ragazzetti come noi, ci sembra un po' esagerato tutto qui...»

I militari rimangono impassibili.

Dopo pochi minuti di percorso, Luca e Katy sono completamente disorientati a causa dei finestrini oscurati e della grata che li separa dall'autista e dall'altro militare.

Finalmente si apre uno sportello: Luca scende per primo, Katia lo segue.

Sono all'interno di una caserma militare in chissà quale parte di Milano.

Entrano dentro un grosso portone mentre sembra che tutti stiano ancora dormendo.

«Lasciate qua i vostri documenti» esclama svogliatamente un militare da una guardiola.

«Va benissimo anche la patente, sedetevi lì davanti a me.»

Luca e Katia vanno a sedersi in silenzio su una sedia, seguiti dai due militari che li hanno appena sorpresi sul tetto del Duomo.

«Dove ci state portando?» chiede Katia al militare seduto vicino a loro e dalla fame lo stomaco inizia a brontolarle talmente forte che persino Luca riesce a sentirlo.

«Non mi dire che ti è venuta fame in una situazione del genere?»

«Ma cosa vuoi, sì, mi è venuta fame. Sì!» Katia piega le labbra verso il basso in quella smorfia triste e imbronciata che a Luca piace tanto.

Vengono poi fatti entrare in un ufficio dalla porta a vetri, sulla quale compare una targhetta color oro con scritto "Maresciallo Motta".

I prigionieri rimangono in piedi, impassibili, guardandosi attorno.

«Sedetevi.» Il maresciallo indica a Luca e Katia due sedie poste davanti alla scrivania, i due si tengono ancora per mano.

Uno dei militari comincia a parlare: «Eravamo di guardia al Duomo, quando sono scattati i sensori. Come sempre abbiamo atteso perché pensavamo fossero i soliti piccioni, solo che dopo svariati minuti di attesa non è cambiato nulla, così siamo andati a controllare seguendo il protocollo di sicurezza...»

«Volevo solo farle una sorpresa, non abbiamo danneggiato niente...» Luca prende parola, ma viene interrotto bruscamente dal maresciallo.

«Come avete fatto ad entrare?».

«Durante il cambio guardia ci siamo messi a correre e nessuno ci ha visti» riprende Katia senza nemmeno dare il tempo a Luca di inventarsi una scusa, guardandolo complice.

«Sapete che vi siete messi nei casini? In tutto il complesso monumentale del Duomo è assolutamente vietato entrare, generare situazioni di pericolo, accedere ad aree non autorizzate, toccare o danneggiare opere d'arte e strutture archeologiche. Si tratta di un reato grave. Vi ricordo che la legge prevede sanzioni in caso di danneggiamento. Ho la sensazione che sarà una lunga nottata» dice il maresciallo alzandosi dalla sedia. Poi esce dall'ufficio senza guardare nessuno.

«In che senso sarà una lunga nottata?» chiede Luca allarmato ai due militari rimasti dentro allo stanzino, ma nessuno lo degna di una risposta.I due rimangono zitti fino al ritorno del maresciallo.

«Ho appena chiamato i responsabili della Fabbrica del Duomo per ispezionare la zona da voi attraversata e per verificare eventuali atti vandalici» dice sedendosi.

«Scusi, ma non abbiamo fatto nessun atto vandalico, ci stavamo solo baciando» Luca prova a prendere coraggio.

«Signori, qui non stiamo scherzando, vi abbiamo trovato senza autorizzazione sopra uno dei monumenti più controllati di Milano, quindi dovete darci delle spiegazioni dettagliate di come, quando e cosa avete fatto. Tanto abbiamo tempo, il responsabile della Fabbrica del Duomo non può arrivare fino a domani mattina alle otto.»

Il maresciallo fa quindi segno di togliere le fascette ai due ragazzi per liberarli. Katia si massaggia il polso dolorante.

«Signore non possiamo aspettare fino a quell'ora...» Luca sta per finire di parlare, ma viene interrotto dal soldato semplice.

«Lattanzio, lei non decide proprio niente. Le conviene fare silenzio.»

«Si calmi soldato, voglio proprio sentire cosa hanno da dire questi due delinquenti» interviene il maresciallo sollevando gli stivali sopra alla scrivania e incrociando le braccia.

«Signore, abbiamo fatto una cazzata, ma volevo solo fare colpo su questa fantastica ragazza e darle il mio primo bacio... Prima stavo dicendo che non possiamo aspettare fino alle otto del mattino, perché proprio a quell'ora dovrò partire per l'Africa a causa di un lavoro importante che mi terrà fuori dall'Italia per diversi anni» finisce Luca, senza rendersi conto di ciò che ha appena detto. Quando si gira verso Katia, lei lo sta guardando pietrificata, ha gli occhi sgranati e non riesce a credere a quello che ha appena sentito.

«Cosa stai dicendo, Luca?» Katia lo sta guardando furibonda.

«Te lo avrei detto solo che...» Luca viene interrotto.

«Mi hai presa per il culo fino adesso?»

«No Katy, davvero, te lo avrei detto...»

«E sentiamo, quando cazzo me lo avresti detto? Appena partito? Magari con un sms: "Sì, scusa, ciao Katia, è stato bello ieri sera, ma sono partito per l'Africa, ci vediamo fra qualche anno". Vattene affanculo Luca.»

«Katy scusami, hai ragione, ma non ti avrei mandato un sms, te lo avrei detto sul Duomo se non fossimo stati interrotti dagli sbirri.»

«Signor Lattanzio, con chi crede di parlare, noi non siamo sbirri!»

«Mi scusi signor generale, capo, non volevo offendere nessuno ma...» Katia lo interrompe continuando a urlargli contro, tanto che i militari rimangono a fissarli in silenzio, quasi spaventati.

«Luca ci sono rimasta malissimo, non pensavo che fossi tanto ipocrita e falso!»

«Katia volevo dirtelo, ma non sapevo come fare... questa serata era così bella che non volevo rovinarla...»

«È già rovinata comunque, guarda dove siamo finiti per la tua sorpresa! Non mi sarei dovuta fidare di te! Mi scusi signor maresciallo, posso andare in bagno?»

«Signorina non potrebbe, ma posso fare uno strappo alla regola. Prego, tenente, accompagni la signorina in bagno.»

Il maresciallo, divertito, ride sotto ai baffi a causa della situazione che si è venuta a creare, mentre Luca con la faccia abbattuta, guarda l'angolo della scrivania senza dire una parola.

«Signor maresciallo, non volevo che andassero così le cose, volevo dirglielo da subito, ma temevo di rovinare tutto, di rovinare una serata magica senza tempo, senza limiti, senza pensieri o quasi...»

Il soldato non accenna a rispondere.

Dopo cinque lunghissimi minuti Katia torna e alla vista di Luca ricomincia a urlare in maniera ancora più violenta: «Vaffanculo cazzo! Me lo dovevi dire subito!».

«Katy devo andarci per lavoro, devo fare...»

«Ora basta» li interrompe il maresciallo. «State svegliando tutta la caserma. Ho mandato dei colleghi a controllare eventuali danni e non hanno trovato nessun atto vandalico, quindi ora uscite da qui senza far casino. Questa volta vi è andata bene perché ci sono io, che sono padre e posso capire, ma cercate di mettere la testa a posto. Avete rischiato grosso ragazzi, avrebbero anche potuto spararvi contro.»

Il maresciallo fa quindi un cenno al soldato semplice che si alza, apre la porta e accompagna gli ex prigionieri all'uscita. Luca saluta il maresciallo stringendogli la mano, mentre Katia esce senza guardare in faccia nessuno.

«Avrai una bella gatta da pelare ora» ridacchia il soldato semplice.

Luca fa uno smorfia ed esce, subito dopo di lui anche il soldato semplice che l'accompagna al portone. Il militare dentro alla guardiola restituisce a entrambi i documenti e i due si ritrovano di nuovo in strada.

Il portone della caserma si chiude alle loro spalle, l'alba inizia a colorare Milano e il traffico aumenta piano piano. Niente sembra più come prima e le sensazioni di Katia stanno sfumando; cammina veloce verso Porta Genova, lungo i navigli desolati mentre Luca la guarda andar via. Forse l'ha persa per sempre.

Le mani di Katia tremano per il nervosismo, mentre estrae dalla borsa il pacchetto di sigarette, leggermente ammaccato dalle avventure rocambolesche della serata. Fuma.

I suoi occhi sono persi all'orizzonte. I raggi del sole stanno avanzando fino a schiarire il cielo.

Katia prende il cellulare, lo sblocca, va su WhatsApp e inizia a scrivere mentre Luca la segue da lontano in silenzio.

Ciao Nange, so che stai dormendo, spero di non svegliarti con i miei messaggi ma ho davvero bisogno di parlare! Ho appena scoperto, dopo aver passato una bellissima serata con Luca, che quello stronzo sta per partire per l'Africa per qualche anno, capisci, qualche anno, non mese, ANNO! Sono molto triste, perché sono stata davvero bene questa notte e ora sta sparendo tutto come in un sogno, come se un soffio d'aria pulita che ha spazzato via tutta la tristezza lasciando posto all'amore e alla speranza di aver finalmente trovato qualcosa di bello, di vero e di emozionante svanisse in pochi attimi. Mi sento solo una stupida, è successo ancora. Ho creduto a uomo che mi ha dato false speranze. Non so cosa fare, vorrei che questa notte non fosse mai esistita. Ho sempre pensato che le cose non accadono quasi mai per sbaglio ma sempre per un cazzo di motivo! Mai fidarsi di un uomo, mai fidarsi dell'amore! Sono triste e delusa dalla vita, ogni attimo felice rimane solo un attimo scolpito nella memoria e nel cuore. Cosa devo fare? Vado a casa? Scusami Nange per questo sms lunghissimo. Ti voglio tanto bene

«Katy aspettami» le grida Luca, che finalmente ha ripreso coraggio, mentre le si avvicina. Lei mette il blocco schermo senza inviare il messaggio.

«Katy scusami, nemmeno io sapevo cosa aspettarmi da questa notte e mi sono lasciato trasportare, avrei voluto incontrarti molto prima!»

«Luca, bastava dirmelo subito e nessuno si sarebbe offeso inutilmente.»

«Saresti stata prevenuta nei miei confronti e non volevo. Poi sinceramente all'inizio non avevo nemmeno pensato di dirtelo... perché non mi sembrava che ti fregasse qualcosa di me.»

«Forse non fregava un cazzo a te!»

In silenzio arrivano alla macchina. Luca prende le chiavi dalla tasca dei jeans e salgono insieme, si mettono la cintura, lui controlla lo specchietto, lei riposiziona il sedile, lui inserisce le chiavi, sblocca lo sterzo, retro, frizione, acceleratore e poi... va a sbattere contro il paraurti della macchina parcheggiata dietro di loro.

«Vuoi che faccia manovra io?» chiede Katia prendendolo in giro.

WANTED!

"O mia bela Madunina..."
#MILANO

amore

ore 5.38

Capitolo 6

L'auto costeggia il piazzale del cimitero Monumentale, alla radio ci sono le Spice Girls;

I'm, giving you everything
All that joy can bring this I swear
And all that I want from you
Is the promise you will be there
Yeah, I want you

In macchina risuona solo la musica, Luca e Katia sono in assoluto silenzio, lei guarda fuori dal finestrino, fissando il vuoto. Arrivati nelle vicinanze di un albergo, Luca ferma la macchina in mezzo alla strada deserta, tira il freno a mano, mette in folle e scende.

«Dove stai andando adesso?» urla Katia sporgendosi dalla portiera. Luca, senza voltarsi, cammina fino al portone dell'albergo a cinque stelle, sul marciapiede c'è un tappeto rosso circondato da transenne formate da piedistalli dorati e cordoni bordeaux.

L'ingresso è una grossa vetrata, con una porta girevole.

«Vai! Vai! Vai!» Luca si volta di scatto iniziando a correre con in braccio qualcosa di pesante.

«Luca...» Katia rimane senza parole. Non riesce a credere ai suoi occhi.

Luca chiude lo sportello, le consegna i fiori, leva il freno a mano, prima, frizione, acceleratore e parte.

«Tu sei pazzo!» dice lei annusando il mazzo di orchidee blu che ha in mano. Profumano di buono, di primavera.

«Ho scelto i fiori migliori.»

«Sì certo, però il vaso potevi risparmiartelo.» Katia allunga le braccia verso il cruscotto dell'auto guardando il vaso sconcertata.

«Sei ancora arrabbiata con me?» Lui la guarda per un secondo, tenendo sempre la coda dell'occhio puntato sulla strada, con le labbra incurvate verso il basso, imitando la smorfia di lei.

«Hai poco da fare lo spiritoso, mi sento sfruttata. Un po' come le ragazze che vanno nei villaggi turistici e fanno sesso con gli animatori. Dicono di amarle per due settimane, ma non appena partono non si fanno problemi a sostituirle. Quelle ritornano a casa pensando all'amore appena lasciato, mentre quello è solamente un grandissimo stronzo. Tu sei un grandissimo stronzo, uno sfruttatore, sei una merda!» Katia sull'orlo delle lacrime tira qualche pugno sulla spalla di Luca che silenziosamente accusa il colpo.

«Scusa Katy, davvero, non sapevo proprio come dirtelo. È successo tutto così velocemente che me ne ero dimenticato.»

«Mi hai preso in giro tutta la notte... e ora vengo a sapere che stai per partire per andare via per anni in Africa, ti sembra normale? Mi sento sfruttata e abbandonata.»

Luca rimane in silenzio intento a guidare.

«Più che altro è la delusione di aver finalmente incontrato una bella persona e questa sparirà per sempre in chissà quale luogo sperduto per chissà quanto tempo.»

Lei infila una mano nella borsa, tira fuori il pacchetto di sigarette, ne prende una e l'accende con una lunga boccata. Il fumo crea un piccolo vortice che viene immediatamente risucchiato fuori dal finestrino.

«Ripeto, qui nessuno vuole o voleva prenderti in giro, mi sono solo fatto prendere dalla serata. Katy?»

Lei si volta e, per fargli dispetto, gli soffia del fumo in faccia: «Ti sto ascoltando e le parole che avresti dovuto usare sono "Non ho mai vissuto una serata del genere, è stata un'avventura dall'inizio alla fine, scusami per essere così stupido"».

Luca continua a guidare in silenzio e Katy prosegue: «In ogni caso se tu avessi usato queste parole ti avrei risposto che sono delusa e incazzata, perché ogni volta che credo di aver trovato una cosa bella, la vita mi riporta immediatamente alla realtà mostrandomi quanto può essere ingiusta e crudele. Ho già avuto un sacco di delusioni e mi sono proprio rotta. A undici anni i miei genitori si sono separati e per me è stato l'inizio di un concatenarsi infinito di delusioni affettive. Ho avuto dei fidanzati di merda, uno peggio dell'altro. Non ce l'ho solo con te, sia chiaro, ce l'ho con 'sta vita orrenda che mi strappa via ciò che mi ha donato un secondo prima...»

«Mi dispiace un casino, Katy, davvero, non avrei mai voluto che finisse così, ma non deve finire per forza.»

«Certo, come no? Non fare l'ipocrita ti prego... la conosco a memoria questa parte di false speranze. Mi sono rotta le palle.»

Luca accenna a un sorriso per cercare di sdrammatizzare.

«Ecco ora ridi di me, ottimo!»

«No, non sto ridendo di te, ma non voglio vederti così triste...»

«E allora perché te ne vai?»

«Devo andare per lavoro, devo inseguire il mio sogno.»

«E il tuo sogno è vivere in Africa?»

«Non lo so ancora. Ci vado per scoprirlo. Non voglio passare il resto dei miei anni a pensare alle cose che non ho mai fatto e ai sogni mai realizzati. Bisogna sempre cogliere l'attimo, se ci pensi in questa serata abbiamo accettato tutte le idee più folli che ci venivano in mente e abbiamo vissuto una serata che molte persone non vivranno mai in tutta la loro vita!»

«È tardi portami a casa.»

«Come vuoi.»

Le strade sono ancora vuote e mancano ormai pochi minuti al paese in cui abita Katia. In macchina non parla più nessuno, entrambi sono intenti a perdersi nei loro pensieri. Sono arrivati all'incrocio vicino a casa di Katia, ma appena la macchina si ferma allo stop, Luca fa inversione di marcia in mezzo alla strada deserta.

«Lu, cosa stai facendo?» esclama sorpresa.

«Luca mi vuoi rispondere? Portami a casa! Sono stanca!» Katia si arrabbia seriamente iniziando a gridare.

«Mi hai preso per il culo tutto questo tempo! Muoviti e torna indietro che tra poche ore dovrai partire, non vedi che sta arrivando l'alba... andiamo a casa!»

«Ho un'ultima sorpresa per te» le risponde senza guardarla, fa una curva molto pronunciata verso un viale alberato, una strada sterrata con qualche buco qua e là che lui evita lievemente sterzando a destra e sinistra... poi freno a mano, marcia in folle, tira su i finestrini e scende dall'auto.

«Non metto giù un piede finché non mi spieghi cosa stiamo facendo!» esclama Katia incrociando le braccia in segno di disapprovazione.

Luca fa il giro della macchina per aprirle lo sportello, ma lei, con un dito, preme la sicura chiudendo le portiere. Lui cerca in tasca le chiavi, ma da dietro il finestrino lei gliele sventola davanti alla faccia.

«Va bene. Mi hai fregato, ora scendi!» gli dice lui mentre lei si porta una mano all'orecchio, facendogli segno di non aver sentito.

«So che mi stai sentendo, scendi ti prego!» Luca inizia a picchiettare contro il finestrino.

«Guarda che se vai avanti così lo rompi!»

«Non me ne frega niente, tanto è mia la macchina.»

«Allora rompila!» dice lei girandosi verso il lunotto anteriore incrociando le braccia, mentre Luca si accuccia per nascondersi.

Dopo alcuni minuti, non vedendolo più, Katia abbassa il finestrino.

«Boooooooommm!» Luca si alza improvvisamente facendola spaventare, lei picchia la testa contro il tettuccio dell'auto, lui prova ad aprire la sicura della portiera, ma Katia gli blocca le mani. Luca tituba per qualche secondo e poi si tuffa dentro alla macchina passando dal finestrino.

«Sei tutto matto!» Katia si mette a urlare spintonandolo, il corpo di Luca è quasi completamente sul suo, la sua faccia poggia sul sedile del conducente, le gambe a penzoloni fuori dal finestrino.

«Mi stai facendo male! Entra o esci da questa macchina!» Katia prova a dare qualche strattone per allontanarlo, ma senza risultato.

«Quindi non cercherai più di chiuderti nella mia macchina?» Luca parla rimanendo fermo in quella posizione ridicola mentre Katia continua a spintonarlo.

«Sì! Lo prometto! Però ora esci da questa auto perché mi stai facendo male!» Luca si sposta un po' a sinistra, un po' a destra, tira la gamba sinistra, poi quella destra e si rimette a sedere sul sedile di guida.

«Ora siamo punto a capo, possiamo andare?»

Katia fa un cenno con la testa annuendo.

Luca esce, chiude la portiera, lei si richiude nuovamente in macchina girandosi verso di lui e gli mostra ancora una volta le chiavi.

«Sei proprio un babbo.»

«Dai Katia, non fare così.»

«Non fare così? Mi sento come in...»

«Non ti sento» Luca la interrompe portandosi la mano all'orecchio, Katia abbassa leggermente il finestrino, ma stavolta lui ne approfitta allungando il braccio dentro alla macchina, riesce ad alzare la sicura e ad aprire la portiera.

«*Tac*, ora sei libera!»

«Ora sono in trappola, in macchina ero libera.»

«Non fare così! Giuro che te lo avrei detto, ma non ci stavo pensando… mi stavo godendo una serata veramente strana, secondo te non ci sto male anche io?»

«Sono solo rimasta scioccata da come sono venuta a saperlo» dice lei scendendo dall'auto.

«In ogni caso Katy, ti chiedo scusa, e per farmi perdonare ho una sorpresa per te.»

«L'ultima volta che mi hai detto così per poco finivamo in galera.»

«Hai ragione, ma quanto è stato figo? Un'esperienza così la racconteremo ai nostri figli.»

«Quali figli?» domanda Katia. «Ora te ne andrai via per sempre, incontrerai una ragazza bellissima e te ne innamorerai, queste cose vanno a finire sempre così… poi in Africa ci saranno sicuramente delle bellissime donne pronte a venire con te…»

Luca si ferma davanti a una recinzione di alluminio. «Siamo arrivati, ecco qua la mia sorpresa.»

Katia guarda la recinzione dal basso verso l'alto. «Hai proprio intenzione di farci arrestare?»

Luca prende un cestino verde della raccolta differenziata e lo spinge vicino alla recinzione.

«Questo dovrebbe aiutarci…»

«Non ho capito, cosa hai intenzione di fare?»

«Entriamo in piscina e ci facciamo un bagnetto!»

«Non avevo capito fosse la recinzione della piscina comunale!»

«Stiamo entrando dal retro, in modo da non avere rotture e disporre di una facile via di fuga.»

Lui fa segno a Katia di salire sopra al cestino, lei lo asseconda e, arrampicandosi, gli appoggia una mano sulla spalla.

«Ora, Katy, sposta il piede da questa parte.»

«Ma per chi m'hai presa, posso entrare senza problemi! Solo che non vorrei farmi arrestare di nuovo...» Katia alza il piede sinistro, fa leva con le braccia e salta, ma superando la recinzione un pezzo della sua T-shirt le rimane impigliato a uno spuntone.

«Attenta!» Luca prova a prenderla al volo, ma lei cade rovinosamente a terra.

«Per fortuna sei franata sull'erba!»

«Che male, Luca! Mi sono fatta male alla gamba!»

Mentre Katy è ancora a terra, Luca sale sopra al cestino e la raggiunge preoccupato: «Katia? Tutto bene?» dice mentre le si avvicina porgendole la mano per aiutarla ad alzarsi.

«Secondo me hai intenzione di uccidermi entro la fine di questa serata» dice lei afferrandogli la mano mentre si rialza zoppicante.

«È una notte da leoni e questa mi sembra una dignitosa chiusura...»

«Però se dici così mi metti tristezza...» Katia lo allontana con una spinta.
«Ok, niente tristezza. Andiamo! Meglio allontanarci prima che ci vedano!»

L'alba ormai alle porte sta schiarendo il cielo, che sfuma dal nero a un azzurro chiaro intenso. Luca e Katy finalmente sono davanti alla piscina.
«Facciamo il bagno?» Luca si sfila maglietta e pantaloni.
«Così magari riesco ad affogarti!» Katia spinge Luca in acqua. «Ora mi sento meglio» dichiara poi.
«Mi odi proprio? Dai entra, che è caldissima!» e le schizza un po' d'acqua addosso.
«Ecco Lu! Mi hai bagnato le scarpe!» Katia si siede su una panchina e si sfila scarpe e calze, ma poi: «Luca? Lu, dove sei?» si alza di scatto per andare a controllare dove si sia nascosto, ma quando si avvicina al bordo lo vede riverso nell'acqua a faccia in giù, come se fosse svenuto di colpo.
«Lu!» grida Katia cercando di trattenersi – visto e considerato che si trovano lì illegalmente – si toglie velocemente tutti i vestiti e si tuffa.
«Luca!» Katia lo prende da sotto il torace e con fatica riesce a voltarlo.
«Per convincerti a entrare devo morire? Ti rendi conto?» Luca scoppia a ridere e comincia a schizzarle acqua in faccia mentre lei si immerge per scappare.

«Ti sei tuffato con i boxer?» Katia inizia ad allontanarsi nuotando a dorso.

«Vuoi dirmi che mentre stavo morendo, ti sei presa tutto il tempo che ti serviva per spogliarti completamente?» Luca inizia a nuotare verso di lei che scappa.

«Vedi di stare alla larga!»

«Mi sa che mi sta uscendo del sangue dal naso.»

«Cazzo dici, Lu?»

«Hai presente nei manga, quando un personaggio vede le mutandine di una ragazza e inizia a sanguinare dal naso? Ecco è quello che mi sta succedendo, mi sembra di vivere un sogno e ho paura di svegliarmi da un momento all'altro.»

«Non è un sogno, ma a breve finirà tutto quanto e questo solo per colpa tua: ieri sera non potevi startene a casa tua a riposare come fanno tutti quelli che devono fare un lungo viaggio?»

«Dai Katy non dire così, stiamo vivendo una bella serata, sono dodici anni che...» Luca le si avvicina nuotando velocemente. «Presa, ora sei mia e non ti lascio più andare!»

Lei prova a respingerlo, ma senza grandi risultati. «Non vale se fai così, lasciami, non voglio!»

Luca avvicina dolcemente la bocca al collo di lei, dandole un bacio che si trasforma in un morso, come fosse un vampiro. Katia prova ancora ad allontanarlo, ma il tocco delle sue labbra le fa venire i brividi lungo la schiena. Alla fine si arrende, si volta verso di lui e si baciano.

I loro corpi aderiscono l'uno contro l'altro, sentono i loro cuori uniti, le mani cominciano un gioco infinito di carezze, e dopo poco i baci si trasformano in morsi. Luca e Katy si separano per guardarsi intensamente negli occhi, poi si abbandonano nuovamente a una passione senza fine.

Inizia ad albeggiare, e nel fresco mattino l'azzurro pallido del cielo abbandona quasi tutte le sue stelle per lasciare posto al rosa e al lilla delle nuvole.

Escono dall'acqua sedendosi sul bordo della piscina, tenendo le gambe ancora immerse, si danno qualche tenero bacio, ma l'aria fredda comincia a infastidire Katia che preferisce rivestirsi.

«Mi hai fatta congelare!» e poi, con uno sguardo intenso: «È stata proprio una bella serata».

Luca esce dall'acqua, prende i suoi vestiti e si riveste. «Non ti ho fatto venire freddo, è che fa veramente freddo! In ogni caso se vuoi scaldarti un po' puoi venire qua ad abbracciarmi.»

Luca la guarda in maniera maliziosa sedendosi su una sdraio. «Hai ragione, grazie ai pugni che ho preso per colpa di quel decerebrato del tuo...» non riesce a finire la frase che lei lo interrompe tirandogli uno schiaffo sul petto.

«È solo grazie a quella storia se abbiamo passato questa bella serata.»

«Vero, e non potrei mai dire il contrario, altrimenti potresti spaccarmi il finestrino della macchina...»

«Sei proprio uno stronzo! Hai idea di quante me ne ha fatte passare quello là? Mi trattava malissimo, usciva sempre per i cavoli suoi e altre cose che è meglio evitare di raccontare. Non vorrei ammorbarti con la mia triste storia...»

«No, non mi stai annoiando, anzi ero interessato... cavolo ma stai tremando, vieni qua!» Luca appoggia la schiena sullo sdraio e trascina a sé Katia, quindi restano per qualche secondo in silenzio a guardare il sole alzarsi.

«Quindi... cosa vai a fare in Africa? E dove vai esattamente?»

«A Capo Verde: è un arcipelago africano distante mille chilometri dalla costa del Senegal.»

Luca si sbraccia preso dal racconto per poi tornare ad abbracciarla di nuovo.

«Non hai risposto alla mia domanda.» Katia scosta le braccia di lui e aggrotta le sopracciglia.

«Non è colpa mia se non mi fai finire.»

«Ma avevi finito.»

«No stavo respirando, posso respirare?»

«Certo che puoi respirare, ma avevi finito, hai chiuso la frase come se ci fosse un punto e quindi ho chiesto...»

«Ok, in ogni caso andrò a vivere a Boa Vista...»

Luca non riesce a finire di parlare che lei lo interrompe: «Ah, quindi andrai proprio a vivere lì...».

Lei si gira verso di lui mettendosi in ginocchio per guardarlo meglio in faccia, poi gli tira un pugno sul petto.

«Sì, Katy... potresti partire con me, no?» dice sgranando gli occhi come se avesse avuto la più grande illuminazione della storia. La prende per le spalle poi continua: «Dai! Andiamo da te, fai la valigia, prendiamo un biglietto e andiamo a Boa Vista, cosa ne pensi?».

«Penso che non sia fattibile, non è una cosa semplice come pensi...»

«*Carpe diem*, Katy...» Luca lascia la presa.

«Non posso, ho un lavoro a tempo indeterminato, una macchina... che anche se usata è già un qualcosa, pensa a chi non ce l'ha. Non posso proprio Luca, mi piacerebbe davvero tanto, tu pensa... vivere felici e spensierati sopra un'isola, sembra un sogno.»

«Puoi realizzarlo esattamente come sto facendo io.»

«Davvero, Luca, non è una cosa semplice. Non posso abbandonare la mia famiglia, i miei amici, tutte le mie scarpe e i miei vestiti... è proprio una cosa che non potrei mai fare. Inoltre non hai ancora risposto alla mia domanda...» Katia si volta di nuovo a guardare il cielo e appoggia la testa sul petto di Luca.

«Vado a Boa Vista per via dell'agenzia di comunicazione in cui lavoro. Dovrò seguire l'avviamento di una start-up di promozione per un'agenzia immobiliare, realizzare un documentario turistico e altri progetti che verranno fuori con il tempo...»

«Interessante... ma davvero devi fermarti così tanto?»

«Sì, perché devo realizzare questo documentario dedicato alla popolazione, all'isola e vari video per la promozione turistica. La cosa figa è che dovrò provare tutte le attrazioni che possono fare i turisti» dice lui muovendo le mani su e giù sulle braccia di lei per riscaldarla.

«Sono triste. Per una volta che ne incontro uno giusto, questo deve scappare manco fosse il principe azzurro.»

«Non pensi che dispiaccia anche a me?»

«Appena arriverai là incontrerai una bella ragazza, te ne innamorerai e vivrete felici e contenti per tutto il resto della vostra vita.»

«Vedi, se evitavi di rifiutarmi dodici anni fa magari a quest'ora stavamo per partire insieme!»

«Magari ci eravamo già lasciati.»

Katy gli tira una gomitata.

«Forse, poi con il caratterino che hai...»

«Guarda che il caratterino che ho mi ha sempre

aiutato. Credi che senza la tua confessione in caserma ci avrebbero arrestato? Credo proprio di no, sarei intervenuta e con le mie doti sarei riuscita a persuaderli...»

«Cavolo, a saperlo prima avrei fatto gestire a te la situazione.»

«Così non avrei scoperto niente fino alla tua partenza. Hai capito il furbone?»

«Ma no... avrei trovato il momento giusto per dirtelo.»

Rimangono in silenzio per qualche secondo a causa di un rumore proveniente dalle loro spalle. Luca si porta il dito vicino alle labbra facendole segno di fare silenzio, poi una leggera folata di vento muove i rami degli alberi dietro di loro e quindi ancora quel rumore.

«Hai sentito?» bisbiglia lei leggermente allarmata e poi: «Shhh!».

Katia si volta di nuovo per cercare di capire cosa sia quel rumore: «Lu, potrebbe essere il guardiano!».

«Aspetta, guarda!» Luca si gira indicando un cespuglio. Improvvisamente il rumore si fa più intenso, ed ecco che alla loro destra spunta un riccio che poi si ferma a guardarli. Ha un sacchetto di patatine incastrato tra gli aculei.

«Povero riccio, mi fanno arrabbiare le persone che sporcano il pianeta!» dice Katy mentre si avvicina lentamente all'animale: «Ecco qua, ora sei senza mantello... so che volevi fare il supereroe, ma credo sia meglio un mantello di stoffa, non fa rumore». Poi torna a sedersi vicino a Luca.

«Non hai paura di partire e andare a vivere in un posto così lontano?» chiede incuriosita.

«Sinceramente credo che la paura più grande sia uscire dalla porta di casa. Siamo abituati a vivere nelle nostre abitudini e abbiamo paura dei cambiamenti. Credo che proprio per questo motivo poche persone riescono a realizzare i loro sogni.»

«Come siamo profondi! A parte gli scherzi è una cosa che penso anche io, ma in molti casi non basta la volontà, a volte ci sono problemi insormontabili, come la famiglia e il lato economico che non stai affatto considerando...»

«Alcuni nascono avvantaggiati rispetto ad altri, hanno una condizione economica migliore, una famiglia agiata e sono in salute. Ogni tanto capita di sentire storie di persone a cui non avresti dato un centesimo, ma che grazie alla loro forza di volontà, combattendo contro tutto e tutti sono riuscite a superare i loro limiti e a decidere cosa fare della loro vita, diventando esempi da seguire.»

«E tu vorresti diventare un esempio da seguire?»

«No, io voglio solo andarmene per un po'.»

«Conoscerai ragazze stupende. Già ti vedo sulla spiaggia...»

Poi Katy inizia ad imitare la voce di Luca prendendolo in giro: «Hey, ciao! mi chiamo Luca e sono un fotografo, sto facendo un progetto di nudo artistico, vorresti partecipare nella mia camera?». Poi di scatto si gira verso di lui tirandogli un ceffone ben assestato sulla guancia.

«Cosa ho fatto di male? Ti sei innervosita da sola!»

«Siete tutti uguali, è inutile che fai il furbetto!»

«Guarda che ti stai ingelosendo per niente, eh...»

«Io gelosa? Di te? Ma non farmi ridere...» Katia ride nervosa, quindi prosegue: «Mi spiace che tu parta perché finalmente pensavo di aver conosciuto una persona capace di trascinarmi, motivarmi e forse capirmi».

Luca l'abbraccia: «Vieni con me».

«Te l'ho già detto: mi piacerebbe un sacco ma lavoro, ho la mia famiglia e non ho soldi... tutto rema contro. Secondo te non ci ho mai pensato? Hai idea di quante volte ho fantasticato con le mie amiche di andare in aeroporto, indicare a occhi chiusi il tabellone dei voli e sceglierne uno a caso?»

Luca la interrompe. «Molti non hanno mai preso una decisione perché troppo impegnati a trovare scuse, per questo non hanno mai raggiunto i loro sogni o non vivono la vita che vorrebbero. Secondo me è stupido sprecare quel poco di vita che abbiamo senza aver mai deciso realmente dove andare e cosa fare. Senza mai avere il pieno controllo della propria vita. Per me è arrivato tutto quanto in un periodo della mia vita che aveva bisogno di un cambiamento, di un forte cambiamento e l'ho colto al volo, *carpe diem* Katy...»

Si guardano in silenzio senza mai staccarsi gli occhi di dosso. Il sonno e la stanchezza sono sempre più intensi, ma entrambi sembra vogliano resistere.

Katia inizia a bisbigliare: «Non voglio abbandonare la magia di questa storia, non voglio dirti addio».

«Il brutto dell'alba è che la maggior parte dei sogni finiscono con il suo arrivo...»

Si abbracciano forte rimanendo in quella posizione per diversi secondi e Luca chiude gli occhi.

Anche lei li chiude, ma continua a parlare: «Penso che i sogni siano magici e che sognare sia il motore che permette alla nostra vita di andare avanti. Non hai idea di quanto mi piacerebbe mollare tutto quanto, venire via con te... ma so che sarebbe solo un sogno. Non tutti hanno questa forza, anche se tu me ne hai trasmessa un po' della tua per un'intera notte assurda, magica. Grazie di tutto Lu, ti amo».

Non udendo nessuna risposta, Katia riapre gli occhi, ma Luca sta dormendo. Inizia ad accarezzarlo, poi con la mano appoggiata sul suo volto cade in un sonno profondo.

«Cosa cazzo state facendo?» un grido alle loro spalle sveglia Luca.

«Katy è ora di andare!» Lui si alza di scatto facendo picchiare la testa di lei sulla plastica rigida della sdraio.

«Ahi! Mi hai fatto male!» Katia si mette a sedere leggermente intontita.

«Forza Katy, andiamo, c'è il guardiano!»

«Oh, cazzo, Lu!» Anche lei scatta in piedi, recupera la sua borsetta e si mette a correre per sparire dietro la siepe, lasciando Luca solo contro il guardiano inferocito.

«Mi sono rotto di voi vandali che entrate ogni notte! Chiamo i carabinieri!»

Luca rimane fermo per qualche secondo, cercando di capire come comportarsi. Di Katia non ci sono più tracce e il custode, per fortuna leggermente zoppicante, è sempre più vicino.

Luca si mette a correre nella stessa direzione della ragazza, per poi sparire dietro a una siepe. Supera dei rami bassi e qualche cespuglio in cui inciampa.

«Katia, dove ti sei nascosta? Katia...»

«Ma che nascosta, ti vuoi muovere a scavalcare?»

«Ora dimmi come hai fatto a scavalcare così velocemente. La paura fa correre, vero?»

«Fermo, non ti azzardare a scappare, ora sei in trappola, sei mio!» grida il custode sbucando da dietro la siepe con la faccia inferocita, mentre Luca – mettendo un piede sul cestino posizionato in precedenza da Katia – riesce a fare un salto scavalcando l'inferriata.

«Inutile scappare, ho già chiamato i carabinieri!» grida l'uomo.

«Ti vuoi muovere? Vuoi farci arrestare per la seconda volta?» Katia lo osserva impazientemente mentre lui passa dall'altra parte con un balzo.

Si danno la mano e insieme corrono verso la macchina parcheggiata poco distante. Luca mette le mani in tasca ma non trova le chiavi.

«Katia abbiamo un problema...»

«Che tipo di problema?»

«Non trovo più le chiavi della macchina. Credo di averle perse scavalcando o quando mi sono tolto i jeans.»

Luca inizia a tastare tutte le tasche senza nessun risultato.

«Cosa significa che hai perso le chiavi? Controlla meglio, Lu»

«Ho già guardato, non ho mille tasche, le ho perse di sicuro. Ora dovrò rientrare là dentro con quel guardiano impazzito. Che casino...»

«Guarda, solo perché mi fai pena ti ridò le chiavi. Altrimenti ti avrei obbligato a perdere l'aereo. Te lo meriteresti, sai?» Katia sfila dalla borsa le chiavi della macchina.

«A proposito di aereo, che ore sono?» chiede lui.

«Le otto meno un quarto.»
«Cazzo!» Luca sgrana gli occhi picchiando le mani sopra al volante.
«Che succede?»
«Ho perso l'aereo.»
Luca piega la testa sul volante ormai al colmo della disperazione.

I WANNA BREAK FREE!

#TROUBLEMAKERS

SINCE 1987
A BRAND NEW DAY

La corsa in aeroporto

ORE 8.12

CAPITOLO 7

Katia ripone il suo cellulare nella borsa mentre guarda fuori dal finestrino: una lunga fabbrica dipinta completamente di rosso attira la sua attenzione; da una vetrata si vede la sagoma di un signore seduto su una sedia con le ruote a schienale alto che è intento a gestire una serie di computer con schermi enormi.

«Sometimes I give myself the creeps.
Sometimes my mind plays tricks on me.
It all keeps adding up,
I think I'm cracking up.
Am I just paranoid or am I just stoned?»

Luca spegne la radio. Silenziosamente lui e Katy fissano la strada, e dopo aver superato una serie di camion, mette la freccia per spostarsi lentamente a destra e imboccare l'uscita di Malpensa. La macchina davanti a loro inizia a frenare pericolosamente, Luca rallenta con prontezza e mette le quattro frecce. Sono fermi.

«Ci mancava anche questa, cosa diamine è successo?» dice mentre suona il clacson per sfogarsi.

«Dai non fare così, vedrai che ce la facciamo.» Katia infila le mani nella borsa, tira fuori il suo pacchetto di sigarette.

«Katy tu non hai fame?»

«Sì, ho famissima... ma non siamo in ritardo per l'aereo?»

«Sì, ma devo assolutamente fare benzina e soprattutto colazione, perché in aeroporto fanno pagare tutto quanto il doppio.»

L'Autogrill in cui si sono fermati ha una forma futuristica, una piccola spirale che scende dal cielo facendo da tetto a tutta la struttura. Entrambi scendono dalla macchina.

«Vado un attimo in bagno, prendimi una brioche al cioccolato, ma non con la Nutella» chiede Katy.

Luca prende la colazione ed esce dal negozio, ma di Katia ancora nessuna traccia. Così decide di andare a controllare cosa le sia successo, ma non appena infila la testa dentro la porta del bagno riservato alle donne viene sgridato: «Dove credi di andare?».

Una signora con un camice azzurro inizia a urlare.

«Scusi signora è che...»

«Ho detto fuori da qui! Li conosco i depravati come te.»

«Signora, guardi che non ho assolutamente intenzione di...»

«Ancora qua sei? Ho detto di uscire immediatamente da qui o chiamo...»

«Oh porca miseria, signora lei è andata completamente...»

Luca inizia a scaldarsi aumentando il tono della voce, quando finalmente Katia esce di corsa dal bagno.

«Ecco fatto, salve signora» lei lo prende a braccetto per trascinarlo fuori da quella situazione bizzarra.

«Ti rendi conto di che razza di gente mettono a lavorare?»

«Diciamo che è riuscita nel suo intento: non ti ha lasciato entrare a fare il depravato.»

«Ah quindi hai sentito tutto?»

«Certo, stavo solo aspettando di vedere quanto tempo ci impiegavi a farti arrestare.»

«Molto simpatica» ride Luca sarcastico.

Arrivano davanti alla macchina e Luca spalanca il bagagliaio per sedersi con Katy nel baule. Lei apre voracemente il sacchetto con le brioche e dà un morso talmente grande alla sua da sporcarsi la faccia come una bambina.

«Buona? Avevi di fame!»

«A cosa l'hai presa?» Chiede Katia tutta sporca di zucchero a velo.

«Le ho prese uguali così evitiamo di litigare.»

«Vuoi?» Luca le offre una lattina di tè al limone.

«Aspetta, non vedi che sto mangiando?»

«Miii, quanto te la meni?»

«Scusami ma al mattino sono una tipa incazzosa.» Katia apre la lattina.

Finito di mangiare e fatta la benzina, ripartono in direzione Malpensa. Alla radio stanno dando Otherside dei Red Hot Chili Peppers.

Luca accelera senza mai superare i centotrenta in modo da evitare spiacevoli multe, sorpassa un furgone andando in terza corsia per poi ritornare velocemente nella seconda e infine nella prima: «Ci siamo quasi, l'unico problema è che una volta arrivati avremo poco tempo per salutarci, perché la sosta gratuita dura solo dieci minuti».

«Paghiamo, cosa ci interessa?»

«Purtroppo sono in super ritardo, inutile farti correre per mezzo aeroporto, ci sentiamo con calma quando arrivo, faccio subito una scheda locale e ti chiamo, promesso.»

«Ok, va bene.» Katia torna a fare la faccia triste tanto amata da Luca, aggrottando le sopracciglia.

«Mi piace troppo l'espressione che fai quando sei triste.»

«Quindi ti piace se sono triste?»

«L'ho sempre detto che voi donne siete delle vipere. Hai capito benissimo cosa intendevo dire...»

«Non va bene, inizi già a capirmi.»

Salgono sopra a un cavalcavia che porta direttamente al Terminal 1, quello dei voli internazionali.

Arrivano davanti al gate e scendono dall'auto. Luca apre il bagagliaio e tira fuori la sua valigia e uno zaino pieno quasi fino a scoppiare.

«Quindi ci siamo?» dice Katia in un sussurro.

«Ci siamo Katy, grazie di tutto, è stata una serata fantastica, non la dimenticherò mai. Grazie a te ho dimenticato la tristezza che provavo nel partire e lasciare qua amici e parenti, grazie davvero.»

Luca si avvicina dandole un forte abbraccio, Katia lo allontana puntandogli un dito sul petto.

«Grazie a te, mi sono proprio divertita. Sinceramente quella depressa ero io per colpa di quel cretino del mio ex che continua ad assillarmi inutilmente, ma tu sei diverso, mi hai fatto cambiare idea su molte cose, mi hai fatto dire sì a tutto e questo ci ha fatto vivere una bellissima nottata.»

«Sinceramente è un favore che ti dovevo.»

«Cosa intendi?»

«Dodici anni fa quando mi hai mollato al cinema da solo, mi sono reso conto che era completamente inutile sprecare la propria vita continuando a pensare alle conseguenze, bisogna accettare il fatto che per quanto breve possa essere il nostro percorso, dobbiamo cercare di viverlo al meglio, inutile perdere tempo in futilità, a fare cose che non ci piacciono e a vedere persone che non ci motivano. La vita è una.»

«Che cosa c'entro io?»

«Da quel giorno ho preso la decisione di dire sì a tutto, ovviamente con cautela. Da quando vivo con questa filosofia, la mia vita va alla grande, esattamente come la nottata appena passata. Grazie per esserti fidata di me e non avermi scambiato per un depravato che continuava a provarci.»

«Sinceramente per qualche istante l'ho pensato... ma alla fine me lo sentivo che sarebbe stato bello.»

«Mi tocca andare, è tardissimo!»

Si abbracciano. Katia lo stringe così forte da fargli capire di non volerlo lasciare andare via. I loro occhi si incontrano, quelli di lei sono leggermente arrossati e umidi – sull'orlo del pianto – le loro labbra si toccano dolcemente, una lacrima scende lentamente dal volto di lei verso lo zigomo sinistro fino ad arrivare alle labbra e unirsi in quel bacio passionale. Continuano a salutarsi e baciarsi.

«Ciao Katy, ti aspetto a Boa Vista, ok?»

Luca dà un ultimo bacio a Katia, prende la valigia, si gira e inizia a correre. Lei fa un cenno con la mano, non riesce a parlare, le lacrime iniziano a scendere lungo il suo volto stanco. Si sfila il cellulare dalla tasca, sblocca il salvaschermo e gli scatta una foto mentre è di spalle.

Luca si ferma davanti all'ingresso dell'aeroporto, si gira e la saluta per l'ultima volta da lontano entrando nella porta girevole, ma distratto fa incastrare la sua valigia bloccando l'ingresso.

Katia inizia a ridere, un allarme prende a suonare a causa della porta bloccata. Alcune persone si accalcano incuriosite: all'interno c'è solamente Luca che sta tirando dei calci alla sua valigia cercando di tirarla fuori di lì.

Dopo qualche secondo arriva un uomo della sicurezza e lo libera: «Grazie, grazie mille» fa Luca raccogliendo la sua valigia ammaccata e poi si rimette a correre.

Katia sale in macchina – Luca le aveva chiesto di riportarla lei a casa – e si allontana dall'aeroporto.

«Ultima chiamata per il volo Boa Vista, Capo Verde, ultima chiamata per il volo...»

Dalle casse dell'aeroporto una voce robotica sta annunciando la chiusura dell'imbarco per la preparazione al decollo, Luca accelera il passo, arriva davanti all'imbarco, apre la tasca piccola dello zaino in cui ci sono il biglietto e il passaporto. Li consegna al check-in. «Buon viaggio signor Lattanzio, si sbrighi altrimenti perde l'aereo».

Superati i controlli, eccolo finalmente all'imbarco.

«Dai, forza, stavo per chiudere» intima la hostess.

«Sì, scusi, ce la faccio?»

«Certo, ma deve correre perché stanno aspettando solamente lei.»

Katia è in macchina in silenzio, la radio è spenta e l'unico rumore che si sente è quello del vento che sibila dal finestrino abbassato, in mano tiene una sigaretta accesa, l'aria smuove i capelli che le si appiccano al viso. Le lacrime non smettono di scendere.

«Cazzo, perché sempre a me, perché?» tira una manata sul volante. «Sono troppo sfigata, per una volta che trovo un ragazzo decente questo cosa fa? Parte per sempre andando a vivere in Africa! Cazzooooooo! Ieri sera non potevo farmi i cazzi miei e lasciar perdere quel maledetto cocktail? No! Devo sempre mettermi nei casini, per poi ritrovarmi qui dopo una notte in bianco, a sbraitare in mezzo al traffico e a piangere come una pazza in una macchina nemmeno mia per un ragazzo che nemmeno conosco.»

Si gira a guardare la macchina incolonnata di fianco a lei, dal finestrino posteriore vede appoggiato al sedile un bimbo con in mano un pupazzetto a forma di coniglio.

Non smette di guardarla, ha degli occhi grandi e dei capelli a caschetto castani, le sorride, ha delle bellissime guanciotte rosa e Katia ricambia sforzandosi.

L'ingorgo si sblocca e le macchine cominciano la loro inesorabile corsa. Katia riesce ad arrivare all'uscita dall'autostrada dove un'ulteriore coda ha intasato le uscite. Facendo molto rumore un aereo passa sopra la sua testa, attirando la sua attenzione.

Luca è sull'aereo, seduto nel posto 13C vicino al finestrino, poco dietro all'ala sinistra: il panorama è fantastico, le nuvole bianche e spesse si mischiano con il mare e il cielo, il sole alto gli dà una carica notevole. Non vede l'ora di arrivare sull'isola dei pirati. Nella sua fila di sedili c'è una signora con un vestitino arancione e rosso, al centro una bambina di circa sei anni che continua a sorridergli, ha i capelli color castano con una frangetta quasi più grande del suo volto, dei codini tenuti su da degli elastici con dei coniglietti in plastica rosa, degli occhi molto grandi color cioccolato e un vestitino floreale.

«Ciao piccola, come sei bella, sai che mi ricordi qualcuno?» Luca ricambia il sorriso.

«Ciao, lei è Sara» dice la signora seduta vicina.

«Salve signora, sa che assomiglia tantissimo a una mia amica di nome Katy? Hanno gli stessi occhioni.»

«Ringrazia il ragazzo per i complimenti.»

«Grazie.»

«Si figuri, è stata tenerissima.»

«Stai andando a fare una vacanza?» chiede la signora incuriosita.

«Sto andando a vivere per un po' a Boa Vista.»

«Ah complimenti, vedrai che ti troverai benissimo, io ci vivo da quattro anni insieme alla mia cucciola» dice la signora abbracciando la bambina.

«Sicuramente, solo che ho lasciato una persona e...» viene interrotto dalla signora.

«La vita è piena di sorprese, significa che doveva andare così.»

«E se il mio destino fosse di stare con lei?» Luca guarda fuori dal finestrino: le nuvole alte lasciano intravedere delle pale eoliche sulle colline, una grande città, campi coltivati e parecchie strade trafficate.

Le macchine in fila si muovono a passo d'uomo, Katia prova ad accendere la radio ma sembra che nessuna stazione faccia al caso suo.

Arriva al casello, paga, ritira il resto, butta i soldi nella borsa, aspetta che la sbarra si alzi e riparte.

Dopo una serie di curve, prima di immettersi in una rotonda si ferma a dare la precedenza, guarda a destra e sinistra, mette la prima e riparte, ma all'improvviso il tempo sembra fermarsi.

L'airbag la colpisce fortissimo in pieno volto. Si crea molto fumo, la testa di Katy rimbalza per poi sbattere contro lo schienale procurandole un dolore lancinante.

Tutto rallenta improvvisamente. I vetri dell'auto esplodono, Katy fa appena in tempo a ripararsi il volto, poi un fischio fortissimo le trapana il cervello, come quando ti esplode una bomba vicino, e il mondo inizia a capovolgersi. L'auto di Luca viene letteralmente ribaltata e trascinata per qualche metro. Un'auto in contromano le è venuta addosso.

Luca preme invio, ma riceve un messaggio di ritorno che gli segnala la mancanza di rete.

Cosa stai facendo, sei arrivata a casa? Mi raccomando ricordati di lasciare le chiavi a mia mamma. Sono passate poche ore e già mi manchi, vorrei averti qui al mio fianco

✗ errore invio messaggio!

Riguarda il selfie che voleva inviarle, scattato sopra al Duomo, e quindi spegne il cellulare. Improvvisamente l'aereo ha un sussulto, poi un altro, e come su una montagna russa inizia a precipitare per alcuni metri. Gli sportellini sopra la testa dei passeggeri iniziano ad aprirsi all'unisono, facendo cadere le mascherine dell'ossigeno.

BIIIIIIIIII

Una spia inizia ad illuminarsi suonando fastidiosamente, Luca si guarda in giro notando solamente panico generale.

«Cosa sta succedendo?» urla Sara, la bambina seduta al suo fianco.

«Niente, tranquilla, ci sarà una turbolenza» dice la mamma mentre prova a calmarla nascondendo il panico. Luca ha le dita della mani bianche da quanto sta stringendo i braccioli del suo sedile.

«Dlin dlon, si prega ai signori passeggeri di restare seduti con le cinture allacciate, abbiamo appena passato una forte turbolenza, nulla di cui preoccuparsi, a breve passerrano le hostess ad aiutarvi a riporre le mascherine, nel caso abbiate bisogno di qualsiasi cosa non esitate a chiamarci schiacciando il pulsante con la campanella sopra alla vostra testa, ci scusiamo per il disagio, buon viaggio.»

«Biiiiiiiiiiii» l'hostess spegne la fastidiosa sirena all'interno dell'aereo facendo tornare tutto quanto alla normalità.

«Biiiiiiiiiiii» un forte rumore di clacson riempie l'aria come se fosse rimasto schiacciato, l'auto di Luca è a pezzi, ribaltata in mezzo alla strada. Katia è a testa in giù, ancora con la cintura allacciata. Delle gocce di sangue cadono sul parabrezza colando delicatamente sul tettuccio. Nella confusione, Katia vede in maniera sfocata i piedi di alcune persone avvicinarsi all'auto.

«Una macchina si è appena ribaltata» la voce lontana non molto chiara sembra quella di una ragazza parecchio agitata. «Sì, è ancora viva, ha appena mosso una mano...» silenzio.

«Certo, siamo all'uscita autostradale di Rho.»

Altro silenzio interminabile.

«No, è scappato lasciando qua la sua macchina completamente distrutta, sì ho visto tutto quanto, grazie mille, vi aspetto.»

La telefonata si interrompe, altro silenzio che a Katia sembra interminabile. Un ragazzo si affaccia al finestrino frantumato, ha il ciuffo che gli pende verso sinistra, una mano appoggiata a terra e l'altra sulla macchina.

«Non ti muovere, stanno arrivando i soccorsi».

Katia, senza ascoltarlo, preme sulla clip della cintura e cade rovinosamente a terra. Nonostante il dolore, riesce a muovere il collo e la bocca, ma fatica a respirare. Vorrebbe parlare.

«No, non ti muovere, senti, sta arrivando l'ambulanza.»

Una voce le rimbomba nella testa, unendosi al suono di una sirena che si avvicina a gran velocità aumentando d'intensità ogni secondo che passa. Katia sente solo il rumore del suo cuore, non capisce cosa stia accadendo, prova un gran dolore al collo e al petto, riconosce a malapena le forme.

Alcune gocce di sangue hanno sporcato l'airbag ricoperto di minuscoli frammenti di vetro che esce sgonfio dal volante. Un forte fischio le risuona nella testa. Forme, colori e pensieri le sfiorano la mente proiettando il dolce sguardo di Luca, che è sull'aereo a pensarla.

Chiudono gli occhi.

Per Katia Brivio

Ciao Katy,

Non riesco a contattarti e ormai sono giorni che provo a chiamarti, scriverti su Facebook e sul cellulare, ma vedo che non visualizzi i miei messaggi.

Ricordo perfettamente che quando ci siamo salutati eri molto triste, ma allo stesso tempo felice per me e per esserci incontrati di nuovo.

Avevi ragione, qui è davvero bellissimo!

Il sole è talmente forte che ogni giorno mi tocca fare il bagno in mezzo alle onde dell'oceano. Le lunghe spiagge di sabbia bianca ti lasceranno senza fiato. Devi sapere che Boa Vista è un paradiso terreste, con pochi abitanti e poco inquinamento acustico e luminoso, ma parecchi turisti. La capitale è molto piccola, stima 15.000 abitanti, di cui ben 8.000 purtroppo vivono nelle baracche. La città è composta in maggioranza da portoghesi e turisti italiani, che vengono qui cercando di fare del buon business vendendo immobili, o come me, in cerca dell'oro dei pirati. Altri invece sono qui solo per cercare moglie, una bella avventura o semplicemente farsi una vacanza nel paradiso terrestre. Non c'è bisogno che ti dica del mare spettacolare. L'altro giorno, mentre nuotavo, mi sono trovato addirittura faccia a faccia con una tartaruga Caretta, una specie in via di estinzione e protetta che si trova in questo oceano. Qui è tutto molto bello, abbiamo già iniziato a lavorare con gente italiana che vive qui e per ora va tutto bene. Mi manchi... vorrei sapere cosa stai facendo, come va il tuo lavoro e come stai. Ho paura che ti sia già dimenticata di me e non ti darei torto! Ti ho mentito, sono stato un bugiardo, un egoista, quella notte ho pensato solo a me, solo ai miei

interessi, ma il mio interesse eri tu. Continuo a pensare alla serata che abbiamo passato, in quella nottata potevamo davvero tutto e abbiamo fatto davvero di tutto, come per magia potevamo parlare e credere in tutto quello che volevamo fare, lasciando realizzare i sogni di una serata perfetta. Ho davvero bisogno di sapere se ci sei ancora, so che tutto questo ti può sembrare assurdo, ma non riesco a dimenticarmi di te, le tue non risposte e il tuo ignorarmi dovrebbero farmi capire quanto sia inutile continuare a insistere. Mi piacerebbe mostrarti di persona il bel posto in cui mi trovo e rinnovo il mio invito suggerendoti di mollare tutto quanto e raggiungermi. So che dovresti mollare un lavoro fisso che ti dà un buono stipendio, la famiglia, gli amici, insomma, tutto il tuo mondo cambierebbe, e per cosa? Per un ragazzo con cui hai passato dei bei momenti, anzi solo una serata? Non lo so, forse per te era solo una serata come le altre... Forse fai bene a non rispondermi più, sono stato uno stronzo, avrei dovuto avvisarti subito della mia partenza...
Voglio però dirti un'ultima cosa, per me è stata una serata bellissima, una notte da leoni che non dimenticherò MAI! Ricordati che sei una ragazza in gamba, puoi avere quello che vuoi! Ti auguro di trovare la tua strada, di realizzare i tuoi sogni e di essere felice.

Luca

p.s. I miei non trovano la macchina, dove l'hai parcheggiata?

I MISS YOU I MISS YOU
I MISS YOU I MISS YOU I MISS Y
I MISS YOU I MISS YOU I MISS YOU
I MISS YOU I MISS YOU I MISS Y
I MISS YOU I MISS YOU I MISS YOU
I MISS YOU I MISS YOU I MISS YOU
I MISS YOU I MISS YOU I MI
I MISS YOU I MISS YOU I
YOU I MISS YOU I MISS YOU I
MISS YOU.

GOODBYES ARE
NOT FOREVER.
GOODBYES ARE
NOT THE END.

5 MESI DOPO

ORE 13.33

CAPITOLO 8

«Na ri na, oh na ri na
Na ri na, nu ta brinca só iá iá
Eh mocinhos, eh ca nhôs flan nada
Oxi pelu menus mi`n kre brinka
só iá iá, eh iá iá»

«Luca come sei stonato! Se vai avanti così mi toccherà strapparmi le orecchie! Ma soprattutto... che diamine di lingua stai parlando?»

«Che c'è!?! Mi sto rilassando sotto la doccia e sto cantando l'ultima canzone di Lura, *Na Ri Na*, hai presente? Sai che ore sono?»

«Sembra latino, ti giuro! È tardi tanto per cambiare... ti vuoi muovere invece di perdere tempo?»

«Sto perdendo tempo per colpa tua, visto che continui a parlarmi!»

Luca finisce di insaponarsi, tenendo l'acqua chiusa. Il bagno è troppo piccolo e mentre si gira picchia il gomito contro il muro ricoperto di piastrelle bianche con dei fiorellini.

Uscito dalla doccia, indossa le mutande, dei pantaloncini verde militare e una T-shirt con dietro la scritta "Production" e davanti "Luca", si piega con la testa verso il basso per tenere i capelli dritti e con il phon se li asciuga. Li fissa con il gel e quindi esce dal bagno.

«Quindi, sei ancora vivo?»

«Non fare così, Doc, guarda che viviamo in un periodo storico in cui l'immagine vale più di qualsiasi cosa, è brutto lo so... ma andiamo che siamo in ritardo!»

«È mezz'ora che ti aspetto e ora tu vieni a dirmi "Andiamo che siamo in ritardo"?»

Dopo un lungo tragitto in quad arrivano dai turisti che li stanno aspettando per cominciare un'escursione.

«Ciao Mac, eccoci siamo arrivati.»

«Ciao ragazzi, muovetevi, vi stanno aspettando» grida Mac sbracciandosi. È un ragazzo senegalese, alto e muscoloso, indossa delle infradito tenute al piede con un pezzo di corda, pantaloncini neri, una canottiera rossa sbiadita per via del sole e un cappellino rosso della Ferrari. Luca e Doc parcheggiano il loro quad all'interno del magazzino ed escono per raggiungere Mac, che sta dando le ultime spiegazioni su come verrà svolta l'escursione: «... quindi per qualsiasi problema durante l'*excursão* non dovete far altro che alzare il braccio».

Mac sale alla guida di un buggy off-road tigrato rosso e nero, Luca si siede al posto del passeggero, Doc sale sul cassone.

«Forza raga, stiamo per partire, tirate su le braccia che facciamo una foto di gruppo!» urla Doc alzando le braccia, mentre Luca scende dal macchinino e fa una carrellata di tutti i turisti sopra ai quad.

Doc scatta una serie di foto, quindi i tre risalgono sul buggy e ripartono. Dopo aver attraversato mezzo paese, seguiti da una carovana di quad, entrano in un sentiero sterrato delimitato da una serie di palme che vanno a creare un tunnel naturale., Doc scatta foto tenendosi ben stretto alle sbarre del buggy, Luca si sporge tenendo in mano la telecamera bilanciata dalla steadicam e fa alcune riprese larghe in cui si vede tutta la carovana dei turisti, in un punto in cui il sentiero fa una curva a U.

Mac rallenta facendo scendere Luca che si ferma a riprendere i turisti uno a uno, poi raggiunge Mac che lo sta aspettando. Arrivano a Chave dove si fermano per una piccola sosta, quello che hanno davanti li lascia ogni volta a bocca aperta, fantastiche dune di sabbia gialla si tuffano in mare andando a creare un ambiente surreale.

Scendono dal buggy iniziando a fare segnali per parcheggiare. In quel punto dell'isola capita spesso di incappare in altri escursionisti che arrivano in massa con decine di pick-up.

Una signora con una bandana nera sulla bocca e degli occhiali ricoperti da almeno un millimetro di polvere arriva leggermente sbandando.

«Signora il fre...» grida Mac cercando di salvare l'irreparabile, Luca sta riprendendo con la sua camera proprio la signora che va a sbattere contro un taxi pick-up grigio metallizzato parcheggiato ammaccando una portiera.

«Signora, si è fatta male?» grida Luca preoccupato andandole incontro.

«Porra mininha, ke bo fa fase? Ta doida!»

Dal taxi scende un ragazzo gigante nerissimo che inizia a gridare in *kriòl* (la lingua originale di Capo Verde) contro la signora, fino a quando si intromette Mac – che pur essendo senegalese si destreggia benissimo con la lingua locale – che estrae prontamente un astuccio nero con i documenti per la constatazione amichevole. La signora si rialza da terra aiutata da Luca e Doc: alcuni turisti si sono fermati attorno a loro per godersi la scena mentre altri ignorano la situazione per scattare foto panoramiche.

«Grazie ragazzi, sto bene, sto bene! Non è successo niente!»

«Be', signora, proprio niente non direi» dice Luca guardano la portiera del pick-up del ragazzo che sta compilando la constatazione.

«Doc scatta qualche foto che ci serviranno sicuramente» grida Mac a Doc.

Dopo un'ora passata a compilare scartoffie e ad accordarsi su come sbrigare quella faccenda, decidono di partire.

«Dai ragazzi, ci siamo. Purtroppo a causa del tempo perso per l'incidente ci toccherà tornare a casa. Comunque avete visto la spiaggia più bella di Boa Vista, se non di tutta Capo Verde» spiega Luca ai turisti chiamati a raccolta in cerchio attorno a lui.

«Luca sali sul quad della signora e guida, perché le fa un po' male il polso e non riesce a girare il volante» dice Mac salendo sul buggy mentre Luca si avvicina alla signora.

«Salve signora, come sta?» chiede gentilmente.

«Bene, dai, mi dispiace un sacco di aver distrutto la macchina del ragazzo» dice la signora portandosi le mani sul volto in segno di disperazione.

«Non importa, sono incidenti che capitano. La riporto a casa io, prima che finisca in mezzo all'oceano... come è già successo.»

«In che senso?»

«Nel senso che una volta un turista ha scambiato l'acceleratore con il freno e si è lanciato da una scogliera di tre metri con il quad.» Nello spiegare l'avvenimento Luca gesticola mimando l'incidente.

Doc sale sul cassone del macchinino facendo segno ai turisti dell'imminente partenza, tutti si allacciano il casco, alcuni si mettono la bandana sulla bocca per evitare di respirare polvere. Per tutto il tragitto Doc continua a scattare foto, per averne almeno una di tutti i partecipanti all'escursione.

Prima di entrare nel sentiero costeggiato dalle palme – che trasformano la strada quasi in un tunnel – Luca rallenta facendo passare tutti i turisti. Uno sciame di cavallette disturbato e disorientato dal forte rumore dei quad inizia a volare all'impazzata scontrandosi contro le palme. I turisti, non abituati a una scena simile, iniziano a impazzire gridando e sbracciandosi, rischiando di tamponarsi a vicenda.
Il paesaggio che hanno davanti agli occhi, però, è mozzafiato. Rimangono sorpresi ogni volta che lo guardano. Luca rallenta un poco per cercare di distaccarsi dalla carovana ed evitare di percorrere tutta la via del ritorno dentro a un polverone di sabbia.
Il cielo è limpidissimo grazie al forte vento che ogni giorno spazza via tutte le nuvole e l'unico rumore che si sente è quello dei loro quad che si avvicinano al paese, navigando in una nuvola di fumo.
Arrivati davanti alla scuderia, tutti i turisti parcheggiano i propri quad.
«Doc, hai fatto foto?» chiede Luca bisbigliando.
«Non molte, con tutti i problemi che ci sono stati.»
«Quante?»
«Sono 580, calcola che ne cancelliamo almeno la metà» esclama Doc guardando i dati sulla sua reflex.
«Vanno benissimo...» Luca si gira verso i turisti e a

gran voce inizia a dare indicazioni per l'acquisto delle foto.

«Ci troverete nel negozio del villaggio dalle 18:00 in poi, va bene?»

I turisti annuiscono, scendono dai quad e si spolverano a vicenda, compresi Luca, Doc e Mac che si salutano battendo pugno contro pugno. Salgono sul loro quad arrugginito che chiaramente non parte.

«Ci risiamo Doc» esclama Luca battendo le mani sulla carena del quad.

«Devi tirargli un pugno, altrimenti non funziona.»

«Dai, ti spingo» Doc scende dal quad, lo aiuta a fare retromarcia e inizia a correre, Luca accelera dando gas facendolo accendere.

Passano nuovamente tra le baracche per tagliare: è ora di pranzo e si sente profumo di cibo speziato. Luca ferma il quad davanti a un'abitazione fuori dalla quale c'è una piccola fila di persone: «Grande, sai che ci stavo pensando anche io alla Sciamana» esclama Doc.

«Per forza, per colpa di quella signora abbiamo fatto tardissimo.»

Scendono entrambi dal quad mettendosi in fila insieme ad altri ragazzi senegalesi con addosso solo il costume.

«Manera?»

«Ta bon.»

Finalmente arriva il loro turno, salutano la Sciamana che gli sorride amichevolmente; è molto grossa, indossa un largo abito con la faccia di Bob Marley e senza dire nulla prende un grande tegame nel quale inizia a mettere dentro riso, pesce e verdure in quantità industriali.

«Basta, basta, va bene così.»

La sciamana sorride e mette della pellicola sopra al tegame, Luca paga dando seicento scudi per un totale di sei euro. I due avventurieri ritornano sul quad e mentre Luca guida tenendo il tegame tra le gambe, Doc spinge il quad per circa cinque metri. Finalmente il quad parte e Doc sale quasi al volo, poi i due partono sfrecciando tra le vie strette delle baracche a quell'ora deserte per via del troppo caldo.

Arrivano a casa, parcheggiano il quad, scale, chiavi, porta e Doc corre in bagno.

«Almeno fammi aprire la porta, che cavolo» esclama Luca che viene spintonato leggermente contro il muro.

«Scusa, è tutto il giorno che devo cagare! Intanto apparecchia, che sono in ritardo per l'escursione.»

Doc entra in bagno e chiude la porta.

Luca inizia ad apparecchiare, esce sul balcone che affaccia su un lunga spiaggia e sull'oceano, rimane a fissarlo pensieroso per qualche minuto.

«Doc, muoviti che è quasi pronto!»

«Arrivo, ho finito.» Esce dal bagno con una faccia decisamente rilassata.

«Che buon profumino, sembri una murena impanata di sabbia.»

«Certo, mentre tu eri in bagno a farti bello ho cucinato una bellissima murena... Dai siediti che mangiamo!»

I due si siedono al tavolo di legno e iniziano a mangiare frettolosamente.

«Doc, dopo vai solo tu in escursione? Ho troppo materiale da montare.»

«Va bene, basta che mi scarichi le foto di stamattina perché ho la card piena.»

«Dammela così la scarico subito.»

Doc tira fuori la memory card dalla macchina fotografica bianca ancora piena di sabbia e la passa a Luca che la ripone nel lettore di scheda.

«Troppo buona la murena fritta, un po' pesante da mangiare a pranzo, ma buona.» Esclama Doc con fare soddisfatto.

«Certo, l'ho fatta io.»

«Dai, ora non te la menare! Oh, mi vesto che tra mezz'ora devo essere di nuovo in scuderia.»

«Ok, grazie Doc.»

Luca si alza e inizia a sparecchiare mettendo i piatti sopra a una montagna di stoviglie in bilico dentro al lavandino. Doc si veste, prepara la sua attrezzatura ancora sotto carica, indossa lo zaino contenente la Reflex ed esce.

«Bella, io vado, a dopo.»

«Ciao a dopo e buon lavoro, speriamo non ti capiti un'altra escursione come quella di stamattina!»

Ridono insieme, Doc esce dalla casa facendo sbattere la porta – sempre per colpa del troppo vento.

Sale sul quad, lo accende tirandogli un forte pugno e parte in direzione delle baracche. Luca apre il suo computer sopra lo stesso tavolo dove hanno appena mangiato, quando una persiana del balcone sbatte violentemente facendolo spaventare. Si alza, la blocca, accende il computer e si dirige verso la camera da letto dove si trova il caricabatterie.

Si siede, apre Final Cut e inizia a montare i video delle escursioni del giorno precedente, ma un improvviso, ripetuto bussare lo fa sussultare. Si alza, ma ancor prima di riuscire ad aprire la porta, da sotto di essa sppunta un foglietto.

«Chi è?» nessuna risposta.

Luca si abbassa a raccogliere il foglio che è stato appena spinto da sotto la porta, si alza e lo apre:

Spalanca la porta e il suo cuore ha un sussulto, non crede ai suoi occhi: «Katia!».

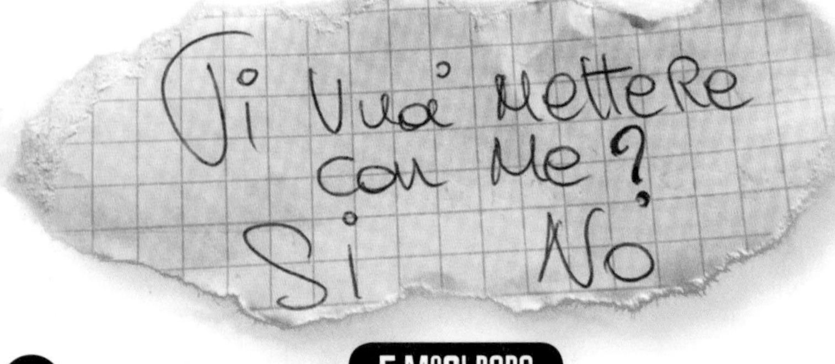

5 MESI DOPO

VISTI / VISAS / VISA
12
REPÚBLICA DE CABO VERDE
DIRECÇÃO DE EMIGRAÇÃO E FRONTEIRAS
O Chefe da
Herculano Lopes Semedo
Subintendente da PN
REPUBLICA DE CABO VERDE
DE EMIG E FRONTEIRAS
ADP
SAIDA
13
ENTRADA
VISTI / VISAS / VISA
TURISMO
ADV
ABV
REPUBLICA DE CABO VERDE
DIR. DE EMIGR. E FRONTEIRAS
DEPART
04 JUIN 2012
SAIDA
TURISMO
REPUBLICA DE CABO VERDE
DIR. DE EMIGR. E FRONTEIRAS
CONC. GOVERNATIVE/PASSAPORTO
Ministero dell'Economia e delle Finanze
€40,29
QUARANTA/29
Agenzia Entrate
IDENTIFICATIVO : 01091436347964
0 1 09 143634 796 4
CONC. GOVERNATIVE/PASSAPORTO
Ministero dell'Economia e delle Finanze
€40,29
QUARANTA/29
Agenzia Entrate
IDENTIFICATIVO : 01090600387127
0 1 09 060038 712 7
7

Finally
Reunited

the Journey never ends...

...CARPE DIEM!

SCHERZI

Ciao Raga!

Anno 2017

EPILOGO

Ciaooo Ragaaa, com'è?

Siamo Luca & Katy, due anime ribelli che si sono incontrate e unite per la vita!

Come si dice: Dio li fa e poi li accoppia.

Pur amandoci alla follia, dicono che siamo una coppia alquanto strana e probabilmente hanno ragione! Abbiamo un canale su YouTube che si chiama Scherzi di coppia in cui ci sono più di 500.000 pazzi che hanno deciso di seguire la nostra vita.

La nostra storia è molto particolare perché potrebbe non essere mai iniziata e forse non esiste realmente: mettiamo caso di vivere in una proiezione digitale in cui la realtà che percepiamo sia composta solo da stimoli che arrivano al nostro cervello – tipo Matrix per capirci – ecco, in quel caso saremmo davvero fregati.

Abbiamo frequentato le medie insieme, ma dopo aver finito la scuola ci siamo persi per dodici lunghissimi anni. Ci siamo rincontrati dopo molti anni in un bar di periferia, passando insieme una notte indimenticabile, ma anche in quell'occasione purtroppo abbiamo dovuto dirci addio.

Devi sapere che molte volte la vita gioca brutti scherzi e sta a te decidere quale piega vuoi farle prendere. Sei tu l'artefice della tua storia!

Molti ti diranno di non credere ai tuoi sogni o, peggio ancora, considereranno i tuoi desideri stupidi e/o irraggiungibili.

Ma sei sempre tu a decidere se ascoltarli, assecondarli o continuare per la tua strada.

Molte volte potrà sembrare un rischio, e forse lo è, ma alla fin dei conti conviene giocarsi il tutto per tutto per poter dire di aver vissuto veramente.

La nostra vita non è mai stata facile: abbiamo iniziato a lavorare entrambi intorno ai 18 anni, abbiamo lavorato e studiato contemporaneamente perché volevamo guadagnarci la nostra indipendenza.

Nella storia che ti abbiamo appena raccontato abbiamo provato a insegnarti a credere in te stesso, senza perdere occasioni importanti, altrimenti potresti ritrovarti a rimuginare per dodici anni, come il povero Luca.

Dopo le scuole ci siamo ritrovati entrambi bloccati in lavori che non ci piacevano e non ci stimolavano.

Fino al momento in cui ci siamo incontrati eravamo certi che quella fosse l'unica nostra aspettativa di vita, l'unico modo per riuscire a cavarcela in un mondo sempre più competitivo. Durante questa nottata da leoni abbiamo capito l'importanza di cogliere l'attimo qualsiasi cosa accada: ci saranno giorni in cui cercheranno di importi delle regole, mostrandoti la vita solo attraverso un paraocchi, giorni in cui ti sentirai depresso, sfruttato, consumato, stracciato...

Ricordati che sono problemi che hanno tutti – noi compresi – ma, sia che tu abbia al tuo fianco la persona giusta o che tu sia solo, con le giuste motivazioni e la giusta determinazione riuscirai a cogliere le infinite possibilità che il destino ti propone ogni giorno. Intraprendere una scelta come la nostra, mollando un lavoro certo per partire verso un'avventura dall'altra parte del mondo, non è una cosa semplice e questo lo sappiamo: si ha paura di non farcela, di fallire e di venire derisi.

La verità è che una volta lontano dalle persone che continuano a frenarti per cercare di mantenerti nel loro guscio, di sicuro riuscirai a conquistare il mondo o almeno ne avrai provato l'ebbrezza.

Noi abbiamo deciso di provarci la prima volta trasferendoci in Africa, perché crediamo che nella vita valga la pena di rischiare il tutto per tutto, soprattutto per rincorrere i propri sogni.

Pensiamo che la costanza e l'impegno vengano sempre premiati e finora per noi è stato così, in tutte le avventure che abbiamo intrapreso.

Anche noi abbiamo affrontato un nuova sfida: scrivere questo libro è stato molto difficile e lo abbiamo fatto per riuscire a raccontarti la nostra storia, che speriamo racchiuda un messaggio importante.

Abbiamo deciso di provarci, a modo nostro.

Ricordati che l'amore vince sempre su tutto: l'amore che si ha per se stessi, l'amore che si dona agli altri e l'amore che mettiamo nelle cose che facciamo, ci porteranno in un'unica direzione che è la conquista dei nostri sogni, qualsiasi essi siano.

Basta crederci fino in fondo, qualsiasi cosa accada.

Luca Lattanzio
Katia Brivio

PS: Non siamo degli scrittori, quindi non vogliateci male per gli errori commessi, in questa miscuglio di lettere qualcosa ci sarà sfuggito...

SCORPION BAY SINCE 1987
BEACH ROCK
-EXPERIENCE-
OUT THERE
MAS FINA

RINGRAZIAMENTI

Scrivere questo libro, parlare delle nostre emozioni, dei nostri segreti e dei sacrifici fatti per raggiungere alcuni degli obiettivi che ci siamo prefissati, non è stato facile. Noi ci abbiamo creduto fino in fondo e hanno creduto in noi molte persone che amiamo e ringraziamo con tutto il nostro cuore.

Per primi vorremmo ringraziare i nostri Follower che ci hanno sostenuto, amato e consigliato ogni giorno. Ci sono stati giorni in cui abbiamo riso fino a farci venire le lacrime, giorni in cui abbiamo pianto, discusso, litigato ma abbiamo sempre cercato di esservi vicini il più possibile. Vorremmo nominarvi tutti quanti, ma avremmo dovuto fare un libro dedicato ai vostri pensieri. Grazie, siete diventati la nostra famiglia e non vi lasceremo mai!

Ringraziamo tutti gli amministratori delle pagine dei nostri fans club per lo splendido lavoro svolto in tutti questi anni; grazie ragazzi è anche merito vostro!

Scherzi di Coppia Official Fans Club: Eleonora Nolli, Irina Lakhovska, Gavino Dessole
Luca&Kety Fans Page: Sabrina Fastellini, Dario Giannazzo e Giuliano Molinari.

Una superdedica va ai nostri genitori per averci insegnato ad affrontare la vita.

Marco e Rossana per averci sopportato e supportato in tutti questi anni consigliandoci e motivandoci a continuare.

Raffy e Tina che ci hanno insegnato a fregarcene degli insulti, insegnandoci l'importanza dell'organizzazione, mostrandoci ogni giorno come migliorarci e, soprattutto, grazie di averci nutrito quando non avevamo le forze per fare niente.

Valentina Lattanzio, la piccola peste della famiglia che ora è diventata grande e lo sarà sempre più, costruendo il suo futuro nel fantastico mondo di YouTube. A questo proposito, iscrivetevi immediatamente al suo canale!

Ringraziamo e ringraziate Virginia Messina che ha convissuto con noi per diversi giorni, leggendo e rileggendo questo libro per scovare tutti gli errori grammaticali e censurare il nostro modo sboccato di dire le cose. Virginia ha sempre creduto in noi motivandoci e trasmettendoci una carica impressionante, crediamo sia un androide venuto dal futuro. Grazie V, sei stata la nostra salvezza, ti vogliamo bene!

Ringraziamo Davide Docinto per la sua folta chioma, i muscoli ben delineati e per la sua costanza nel sopportare i nostri litigi, ma soprattutto lo ringraziamo per le fantastiche foto e le grafiche gentilmente create per noi ogni giorno.

Un abbraccio a Giulia Benzi che è stata con noi per un anno intero, sopportando litigi, discussioni e crisi, aiutandoci a essere più organizzati e più snelli di una gazzella. Buon viaggio, e che tu possa avere sempre il vento in poppa, che il sole ti risplenda in viso e che il vento del destino ti porti in alto a danzare con le stelle.

Un ringraziamento speciale a tutti i nostri amici di Capo Verde a Boa Vista che hanno creduto in noi sostenendoci sempre anche a molti km di distanza! Non possiamo ringraziarvi uno per uno perché siete troppi, ma voi sapete chi siete e quanto valete per noi!

Alessandro Mauri, Operations Manager, in Widmann è il nostro sponsor che ha creduto in noi regalandoci un'infinità di costumi, rendendo possibile la realizzazione della nostra web serie. Grazie mille Alessandro per esserti fidato di questi due scalmanati con la testa colorata.

Sei una bellissima persona.

Tutto lo staff di 2MuchTv che ci sostiene e asseconda in tutte le nostre strane richieste e per l'ottimo lavoro svolto in tutti questi due anni.

Ringraziamo Mondadori per aver pubblicato il nostro libro pur non essendo degli scrittori, ma dandoci modo di dire la nostra in un mondo pieno di parole e pensieri che possono diventare realtà.

Come il nostro sogno.

E infine...

Ringrazio Katy per avermi sopportato tutti questi anni, per avermi amato, sostenuto anche quando partivano gli insulti. Ti amo perché hai saputo accettare tutte le sfaccettature del mio carattere dalle più belle alle più brutte, ti amo perché sai rendere speciale ogni mio giorno. Grazie, e sappi che qualsiasi cosa accada io ci sarò sempre!

Ringrazio Luca per aver portato pazienza per la mia continua cocciutaggine, testardaggine, la mia poca organizzazione e l'essere così svampita, ti amo come il primo giorno che ti ho incontrato. Ti amo più della mia stessa vita e quindi ti dico grazie!

Speriamo che la nostra storia vi sia piaciuta, ci vediamo su YouTube per continuare insieme questa bellissima avventura, qualsiasi cosa accada!

Facebook: www.facebook.com/ScherziDiCoppia
YouTube: www.youtube.com/scherzidicoppia
Instagram: www.instagram.com/scherzidicoppia

You
1000

Tube
HERRY

KATY

Ciao a tutti! Mi chiamo Katy.

Sono nata e vissuta nell'hinterland milanese, dove ancora oggi abito per stare vicino alla mia famiglia. Faccio la tatuatrice ma, dopo essermi innamorata di quel pazzo di Luca, il mio mondo gira tutto intorno a YouTube, dove ho conosciuto persone fantastiche diventate una seconda famiglia. Non solo amo far disperare il mio ragazzo, ma adoro sapere che facciamo sorridere tantissime persone aiutandole ad affrontare la vita da un punto di vista diverso, e questo mi riempe il cuore di gioia ogni giorno. Inseguite la vostra felicità e donatene un pezzetto a chi ne ha più bisogno <3

LUCA

Mi chiamo Luca Lattanzio, sono nato a Milano in una normalissima famiglia che saluto e ringrazio con tutto il mio cuore. Per dieci anni ho fatto il videomaker per passione e lavoro, fino al giorno in cui ho caricato sul canale YouTube di Scherzi di Coppia il mio primo scherzo a Katia. Attualmente abbiamo superato i 550.000 iscritti (a cui teniamo come se fossero la nostra stessa famiglia) e le 180.000.000 di visualizzazioni totali. Questi numeri non rappresentano solamente statistiche, ma vere e proprie persone con cui parliamo quotidianamente. Tutti i giorni alle nove di sera esce un nuovo video su tutti i nostri social, basta cercare su Google "Scherzi di coppia"... ci vediamo sul web!

INDICE

Graphic Design di Tommaso Guaita
Fotografie di Davide Docinto

Prima edizione: maggio 2017

www.electa.it

Azienda certificata ISO 9001
Mondadori Electa S.p.A. è un'azienda certificata per il Sistema
di Gestione Qualità da Bureau Veritas Italia S.p.A., secondo
la Norma UNI EN ISO 9001:2008.

Questo libro rispetta l'ambiente
La carta utilizzata è stata prodotta con legno proveniente
da foreste gestite secondo rigide regole ambientali, le aziende
coinvolte garantiscono una produzione sostenibile aderendo
alle certificazioni ambientali.

Questo volume è stato stampato
presso Elcograf S.p.A., via Mondadori 15, Verona
Stampato in Italia – Printed in Italy